AURÉLIEN SCHOLL

LES AMOURS
DE
THÉATRE

PARIS

COLLECTION HETZEL

— J. HETZEL — LIBRAIRIE CLAYE —

18, RUE JACOB

LES

AMOURS DE THÉATRE

DU MÊME AUTEUR :

DENISE. — HISTOIRE D'UN PREMIER AMOUR . . . . . . 1 vol.
AVENTURES ROMANESQUES . . . . 1 —
LA FOIRE AUX ARTISTES. . . . . 1 —
JALOUX DU PASSÉ. . . . . comédie.
ROSALINDE. . . . . comédie.

En préparation :

LES GENS TARÉS. — 1re partie. Les aventuriers du boulevard.
— 2e partie. La Bohème des femmes.
— 3e partie. Les bureaux de placement.
— 4e partie. Le million ou le boulet.

Sous presse :

LES COULISSES DE PARIS. — ROBERT DUTAILLIS.

Paris. — Imprimerie A. Wittersheim, 8, rue Montmorency.

AURÉLIEN SCHOLL

LES AMOURS

DE

THÉATRE

PARIS

COLLECTION HETZEL

— J. HETZEL — LIBRAIRIE CLAYE —

18, RUE JACOB

Tous droits réservés.

A THÉODORE BARRIÈRE

Ami,

C'est toujours une pénible tâche que celle d'étudier l'exception, c'est toujours un emploi difficile que celui de détrompeur.

Te rappelles-tu nos longues et diverses causeries sur ce thème éternel de l'amour *armé?* L'amour sans la confiance, sans l'estime? La lutte incessante des serments de la femme et de l'incrédulité de l'homme ? Les découragements, les colères, les impiétés !

> De toutes ces femmes qui traînent
> Les poëtes à leurs talons,
> Il n'en est pas deux qui comprennent
> La langue que nous leur parlons !

C'est Auguste Vacquerie qui, ayant pensé ces vers — les a écrits, — ce même Vacquerie qui a voulu chanter l'honneur en 1861, et qui a été puni.

Eh bien ! c'est l'histoire de ces femmes et de ces poëtes que j'ai tenté d'esquisser dans les pages qui suivent.

Le monde galant est un monde tout de convention. Rien ne s'y passe comme ailleurs. Dans ce monde-là, les étables fournissent le cold-cream, les jardins produisent l'ambre et le musc ; on y est suffisamment vêtu avec une ceinture, et si l'on voulait y décomposer la lumière, on trouverait pour spectre solaire les sept péchés capitaux.

Dans ce roman — tout parisien — certains détails

peuvent étonner ceux des lecteurs qui ne sont pas initiés à la vie nocturne des boulevards.

L'auteur doit à ce propos quelques explications.

Il n'a point inventé le chiffre de certaines prodigalités de cabinets particuliers, il l'a trouvé dans les mémoires de la galanterie contemporaine.

Il n'a pas davantage exagéré la fortune des principaux personnages.

Et, comme on crierait à l'invraisemblance, il faut ajouter qu'il n'a fait qu'*enregistrer* la singulière histoire de la nourrice qui vole un enfant dans l'espoir qu'il aura des talents lucratifs.

Mais il est un point sur lequel l'auteur doit surtout insister, c'est la moralité de ce livre.

Avant que la médecine fût devenue une science, on exposait, en certains pays, les malades sur le seuil des maisons, en faisant appel aux connaissances des passants.

Nous faisons pour les maladies de l'âme ce que faisaient ces peuples pour les maladies du corps.

Voici la plaie, aidez-nous !

Ce qui frappe d'abord les yeux du voyageur, quand il approche des grandes villes, ce sont les cimetières, les abattoirs et les égouts.

L'étude du cœur humain présente les mêmes particularités. C'est pourquoi le lecteur devra pardonner, si, dans un but élevé, moral, nous lui faisons voir ce qu'il y a chaque jour de sentiment gâché, de passion avilie et d'intelligence à la borne !

AURÉLIEN SCHOLL.
5, rue Laffitte.

LES
AMOURS DE THÉATRE

I.

LE SOUPER DU PRINCE KORASOFF

Les gens de plaisir n'ont pas oublié le souper d'adieux que le prince Korasoff, rappelé brusquement en Russie, leur offrit le 30 avril 1847. Les trois clubs y étaient représentés, et tout ce qui avait un nom dans le monde galant s'était fait un honneur d'assister à la fête.

Le personnel féminin des théâtres de Paris était là, tout ruisselant de pierreries, et le prince Korasoff pouvait, avant son départ, jeter un œil de regret sur cette vivante galerie de ses amours passées.

C'était un océan d'épaules où les regards brasillaient comme les vagues au clair de lune. Les salons de l'hôtel, splendidement illuminés, enfermaient dans leurs riches tentures la population d'une Babylone. — Paris vendu s'agitait sous une constellation de lustres, dans une atmosphère volcanique.

On avait ébauché quelques danses pour mêler tout ce monde comme un jeu de cartes, et l'on s'apprêtait à passer dans la salle du souper, quand un laquais annonça :

— Madame Ferrani !

A ce nom, il y eut un mouvement d'envieuse curiosité parmi les femmes ; toutes les têtes se tournèrent vers la porte du salon, et la Ferrani fit son entrée au milieu de l'attention générale.

Après une série de créations heureuses, Martha Ferrani, dont le véritable nom — Marthe Ferran — avait été arrangé pour les besoins de la cause, venait d'obtenir aux Italiens, dans la *Maledetta*, du compositeur Braga, un de ces succès qui consacrent la gloire d'un artiste. Grande musicienne, belle et passionnée, la Ferrani voyait, chaque soir, les couronnes et les bouquets joncher autour d'elle les planches du théâtre. Le public la rappelait après chaque acte pour la revoir encore, et quand le rideau tombait pour la dernière fois, il y avait comme un regret de la quitter dans les applaudissements enthousiastes qu'on prodiguait à l'artiste triomphante.

Élevée sous des arbres de carton, jetée à quinze ans au milieu des coulisses, la Ferrani n'était pas sans avoir traversé des aventures diverses. Deux hommes avaient fait sa fortune, lord Bradley et le comte de Rouzoff. Le comte de Rouzoff avait acheté cinq cent mille francs le droit de lui faire sa cour, et lord Bradley lui servait une pension viagère de cinq mille francs par mois.

La Ferrani portait sur le front une couronne de bacchante dont les grappes alternaient avec les tresses de ses longs cheveux noirs. Son nez, aux soupiraux mobiles, s'entr'ouvrait comme pour respirer les voluptueuses chaleurs de l'orgie qui se préparait.

Sarah Volcan, femme redoutée à cause de ses relations, alla au-devant de la Ferrani :

— Vous êtes belle comme un astre, lui dit-elle.

— Et vos nuits ont vingt-quatre heures, ajouta Berthe Deverrier, qu'on avait surnommée la *Panthère*, comme pour expliquer l'éclat sauvage de ses grands yeux.

La Ferrani salua gracieusement les deux courtisanes et traversa le salon, appuyée sur le bras du prince. Elle fit un signe de tête à lord Bradley et alla s'asseoir à côté du comte de Rouzoff.

— Avez-vous envoyé l'invitation où je vous ai dit? demanda-t-elle.

— Oui, ma toute belle, répondit le comte, l'invitation est partie avant-hier.

— Où donc est-*il ?* murmura Marthe en promenant autour d'elle un regard inquiet.

Mais tout à coup son œil s'alluma... Elle se leva et traversa le salon d'un pas rapide. Elle s'arrêta devant un jeune homme qui contemplait avec un dédaigneux étonnement ce tourbillon de comédiennes décolletées.

— Merci d'être venu, murmura-t-elle en s'accrochant à son bras avec le mouvement d'une chatte qui se frotte contre un meuble.

— Je ne connais personne ici, dit le jeune homme, et je commençais à me trouver dans une situation embarrassante.

— Tu ne connais personne, dit la Ferrani, je l'espère bien ! Tiens ! ajouta-t-elle en faisant un retour sur elle-même, je vous ai tutoyé, c'est une habitude de théâtre. Dansez-vous?

— Non, madame.

— Je ne danse pas non plus, nous causerons ! Asseyez-vous à côté de moi pendant le souper, j'ai beaucoup de choses à vous dire. J'ai eu de grands chagrins dans ces derniers temps, et quoique je ne vous aie vu qu'une fois, c'est vous que j'ai choisi pour confident. Il faut que vous me donniez des conseils, vous qui avez vingt-cinq ans, à moi qui en ai trente-deux. C'est drôle, n'est-ce pas ? Il a suffi de notre courte conversation de l'autre soir pour m'attacher à vous. On dira que je me jette à votre tête ; cela m'est égal, je vous aime !

— Madame, murmura le jeune homme en se mordant la lèvre pour dissimuler une pressante envie de rire, je ne sais comment j'ai pu mériter cette tendresse foudroyante.

— Tu ne la mérites peut-être pas, dit la Ferrani, mais c'est comme cela. A propos, qu'est-ce que tu venais faire, l'autre soir, sur la scène quand je t'ai rencontré ?

— Je venais m'entendre avec le régisseur pour la traduction du *Siége de Grenade*. Cette traduction est d'un de mes amis qui écrit l'italien comme les rossignols le chantent.

— A la bonne heure, fit Marthe avec satisfaction, j'avais peur que tu ne fusses venu pour *une autre !* Quand tu m'as adressé la parole, à ma sortie du troisième acte, j'étais tout heureuse d'entendre le son de ta voix; les applaudissements et les rappels du public me serraient le cœur, parce qu'il fallait te quitter un instant pour aller faire ma révérence.

— Oh! dit la Panthère à Sarah Volcan, la Ferrani couve une grande passion.

— Qu'est-ce que ce jeune homme? demanda le comte de Rouzoff.

— Une manière de poëte, une de ces espèces qui font des volumes de sonnets sur les quais.

— Comment l'appelle-t-on?

— Cela n'a pas de nom, dit Sarah, cela s'appelle : Pst!

— Et sur son passe-port?

— Gaston Duthil.

Le comte de Rouzoff avait alors soixante ans. Il était d'une grande taille et mettait son amour-propre *à se tenir droit*, malgré la résistance de son épine dorsale.

Le comte avait les cheveux blancs et la moustache grisonnante; cependant il n'avait jamais songé à teindre sa moustache ou ses cheveux.

Ce qui le préoccupait le plus au monde, c'est son nez. Le champagne, le madère et le porto, les nuits passées, les excès de toutes sortes avaient laissé sur le nez du comte des stigmates étranges.

Les narines ogivales étaient veinées de lignes rouges et violettes comme les bords de l'Océan sur une carte de géographie.

C'était la côte du Mozambique, le cap de Bonne-Espérance, le rivage de la Cafrerie, — mais ce n'était pas un nez.

Le comte traînait la jambe droite, le genou était soudé. Il dissimulait cette infirmité par la largeur exagérée du pantalon. Il avait de vilaines dents, mal plantées, jaunâtres, ébréchées ; aussi passait-il souvent la main sur ses moustaches qu'il abaissait vers la lèvre supérieure.

Mais le nez ? Comment dissimuler les avaries de cet organe révélateur ?

Le comte avait pris le parti de consacrer à son nez une heure de sa journée. Chaque jour, en se levant, le comte, après avoir fait ses ablutions, prenait un pinceau et s'appliquait trois couches consécutives de peinture à l'huile.

Par ce moyen, le comte de Rouzoff, dont le visage était couperosé, obtenait un nez d'une éclatante blancheur, quelque chose comme une demi-glace à l'orgeat sur un saladier de vin rouge.

— Ce jeune homme a bonne façon, murmura le comte en toisant Gaston de la tête aux pieds.

— Vilains plis à la chemise, dit Sarah, col de l'année dernière, pantalon trop large.

— Il porte mal l'habit, ajouta Berthe Deverrier.

Martha se retourna tout à coup :

— Vous devez vous y connaître, dit-elle avec un rire forcé, votre père portait l'habit sur le bras...

Et comme le souper était servi, elle entraîna Gaston qu'elle fit asseoir à côté d'elle.

Le ton général devint bientôt bruyant.

L'acide carbonique, se dégageant du champagne, se mêlait aux émanations du gaz et aux vapeurs parfumées dont les femmes étaient les calices.

Un thermomètre placé dans la salle du souper aurait marqué « Sénégal, » et s'il y avait eu, sur le parquet, une mince couche de terre végétale, tous les poisons des lacs chauds de l'Asie auraient poussé sous les pieds de ces riches débauchés et de ces femmes vénales.

— Assistez-vous souvent à de pareilles fêtes? demanda Gaston à la Ferrani.

Celle-ci crut découvrir une pointe d'ironie dans l'intonation du poëte.

— Non, dit-elle vivement, j'ai horreur de ces exhibitions d'épaules. Ces gens-là m'ennuient jusqu'au dégoût et l'impudence de ces filles me révolte. Il ne faut pas croire tout ce qu'on a pu vous dire de moi, Gaston. J'ai beaucoup d'ennemis, je vous raconterai cela, vous me comprendrez. Je suis venue ce soir pour vous voir, pour causer avec vous. J'ai voulu vous montrer ma robe de bal... c'est une coquetterie que vous me pardonnerez.

— Votre robe de bal, dit Gaston, et votre couronne de bacchante ?

— Si tu veux, s'écria la Ferrani, nous l'effeuillerons ensemble !

II

Lord Bradley, placé de l'autre côté de la table, suivait de l'œil tous les mouvements de la cantatrice.

Il avait vu passer tour à tour sur son front, dans son regard et jusque dans les plis de sa lèvre — le désir, l'inquiétude, la passion.

Lord Bradley se pencha vers le comte dont le nez se détachait entre les deux têtes voisines comme un flocon de neige.

— Je crois que la Ferrani *nous* trompe, lui dit-il.

— Hélas ! parlez pour vous ! fit de Rouzoff, dont lord Bradley avait pris la succession.

Après le souper, l'orchestre fit entendre les premiers accords. La Ferrani dit à Gaston :

— Je suis venue seule, j'ai compté sur vous pour me reconduire. Je n'ai pas demandé ma voiture, nous prendrons un coupé de remise.

— Je suis à vos ordres, répondit Gaston en s'inclinant.

— Laissez-moi sortir la première, continua Martha, il y a ici des gens qui m'espionnent... Je vous attends à la porte.

— C'est cela, repondit Duthil, je vous prendrai au vestiaire.

Et il tourna sur ses talons, tout heureux de son impertinence.

III

Il y avait une affluence de cochers à la porte de l'hôtel.

Martha Ferrani s'installa dans une voiture et Gaston prit place à son côté.

— Neuf, rue du Cirque, dit-il au cocher.

— Quel bonheur d'être seuls! s'écria la cantatrice; laissez-moi vous regarder. Il y a dans votre physionomie je ne sais quoi qui m'attire et qui m'attache. Oh! vous n'êtes pas comme les autres! vous êtes marqué pour quelque chose de grand... Vos yeux sont tantôt si doux et tantôt si terribles. Un moment, vous m'avez fait trembler avec un regard...

— Oh ! pensa Gaston, en voilà une qui n'est pas amusante ?

La Ferrani lui prit la main et la couvrit de baisers.

— Est-ce que vous avez aimé ? demanda-t-elle avec anxiété.

— J'ai *cru* aimer, dit Gaston, oh ! je l'ai bien cru... Vous savez, à vingt ans, le cœur se trompe... C'était en province, je ne savais que faire !

— Comment s'appelait-*elle ?*

— Hélène Hermann.

— La Ferrani devint soucieuse.

Quelques minutes s'écoulèrent en silence et la voiture s'arrêta.

— Vous êtes arrivée, madame, dit Gaston.

Il descendit et offrit la main à l'actrice.

Le petit jour commençait à poindre.

— Est-ce que vous vous endormez ? demanda-t-elle.

Un jeune homme n'avoue jamais à une femme qu'il a besoin de dormir.

— Moi, madame ? pas du tout.

— Eh bien ! venez, je vais vous montrer mon appartement.

Gaston jeta cinq francs au cocher, qui remercia, — par exception. Marthe prit elle-même, chez le concierge, une clef et un petit bougeoir d'argent où brûlait une bougie rose, et, souriant au jeune homme, elle lui dit :

— Allons !

Au deuxième étage, Marthe le fit entrer dans une antichambre et jeta sur le divan sa pelisse et sa couronne.

Elle alluma une girandole, et, précédant Gaston, elle lui fit parcourir son appartement.

Il n'y avait certainement pas à Paris un intérieur plus somptueux.

Le salon, tendu de satin gros bleu à petites fleurs rouges, renfermait une fortune.

Les bronzes dorés, les candélabres Louis XV, les craquelées du Japon, les grands vases de Chine, les groupes de Saxe, les Sèvres les plus admirables, se pressaient sur des meubles volés à Versailles en 92, et vendus des prix fous par les marchands de curiosités.

C'était un entassement de richesses et de merveilles.

— Une mosaïque de Pompeïa, — intacte, — encadrée dans un ovale de bronze doré, servait de table à thé.

La salle à manger, dans les armoires de chêne sculpté, laissait voir une vaisselle plate qui avait été ciselée pour un roi...

Le corridor qui conduisait à la chambre à coucher était tapissé des meilleures toiles des paysagistes modernes.

Des tabernacles taillés et ciselés en plein ébène, des coffrets incrustés d'onyx et de rubis étaient appendus au mur ou reposaient sur des socles antiques.

Le boudoir, à lui seul, était un musée. Michel-Ange, Claude Lorrain, Benvenuto, Gérard Dow, y tenaient une place. Statuettes, coupes d'agathe, glaces encadrées de sujets de Saxe où les oiseaux et les petits amours bouffis jouaient aux jeux *coupables* dans les guirlandes de roses.

Quand il pénétra dans la chambre à coucher, Gaston avait compté dix lustres en cristal de roche.

— Une autre fois, dit la Ferrani, je vous ferai voir mes bijoux... Mais, avant de causer plus longtemps, je vais embrasser Madeleine.

— Madeleine ? fit Duthil.

— Mon bijou le plus précieux, mon enfant, mon trésor...

Et elle ajouta :

— Je vous le ferai voir aussi... au jour !

Marthe sortit et revint un instant après.

— Pauvre petit ange ! dit-elle, quelle joie de contempler ce sommeil !

Gaston tournait son chapeau entre ses mains.

— Madame, j'ai à vous remercier de la bonté avec laquelle...

— Comment! s'écria Marthe, vous partez?

Elle souleva un coin du rideau.

— Mais regardez donc, dit-elle, vous ne pouvez pas partir, il pleut à verse...

— Eh bien? demanda Gaston.

— Eh bien ! reste ! répondit la Ferrani.

IV

Il était midi quand Marthe ouvrit elle-même une fenêtre.

La chambre donnait sur les jardins.

Au ciel sans nuage, — deux ou trois hirondelles, les premières arrivées, traçaient une joyeuse ligne de bistre.

En bas, les gazons d'un vert tendre, les lilas en fleurs, les ormes et les tilleuls resplendissaient de soleil, et les moineaux, friands de primeurs, s'ébattaient en saluant de leurs cris joyeux le printemps nouveau.

Marthe et son amant respiraient avec délices cet air pur que la Normandie envoyait sur Paris.

— C'est le *premier mai!* dit Marthe avec une douce mélancolie.

Elle baisa Gaston au front et d'une voix émue :

— Tu peux t'en aller, maintenant, fit-elle, IL NE PLEUT PLUS !

V

Quand il sortit de la maison, Gaston Duthil remarqua une sorte de domestique sans livrée qu'il reconnut pour appartenir à lord Bradley.

L'homme était assis sur une borne et paraissait bayer aux corneilles.

En apercevant Gaston, il se leva.

Le poëte se dirigea vers le faubourg Saint-Honoré, et l'homme prit le chemin des Champs-Élysées.

Il n'y avait pas à en douter, c'était un espion…

Gaston Duthil occupait un petit entresol de la rue de Provence, où le chêne et le coutil remplaçaient le palissandre et la soie. Un intérieur propret, gentil, sans prétention. Quelques tableaux d'amis : l'*Amour terrassant une panthère*, jolie toile de Woillemot, un *Retour de chasse*, de John Lewis Brown.

Et enfin, les attributs de l'homme de lettres : une plume, des cigares et des épées.

Cet appartement, qui est loué aujourd'hui dix-huit cents francs, en coûtait six cents à cette époque.

Gaston jeta ses vêtements pêle-mêle sur un fauteuil, et se plongea la tête dans un bassin de porcelaine anglaise.

Une fois rafraîchi, rasé, peigné, couvert de linge blanc et d'habits brossés, il se sentit plus à l'aise.

— Oh ! les femmes ! s'écria-t-il en allumant un cigare, perfides comme l'onde — et moins fraîches !

Il fit quelques pas et continua son monologue :

— Dire qu'il y a des gens qui peuvent supporter une intimité de plusieurs mois, une liaison... horreur ! L'esclavage en détail, l'impersonnalité absolue, l'abdication de l'*habeas corpus !*... — Il est une heure ; tout Paris a déjeuné, excepté moi ; c'est ma faute : le plus grand ennemi de l'homme, c'est l'homme !

Gaston descendit la rue Laffitte et entra dans un café du boulevard où il avait coutume de déjeuner.

Il y rencontra plusieurs de ses amis : Ferdinand Goffin, qui faisait la critique théâtrale dans la *France indépendante;* Robert Dutaillis, un flâneur ; Marsan, avocat du théâtre des Variétés ; Edmond de Beryls, inspecteur des beaux-arts, qui n'inspectait guère que les coulisses de l'Opéra.

— Le voilà ! s'écria-t-on en chœur à l'arrivée de Gaston.

— D'où viens-tu ? demanda l'un.

Robert se mit à déclamer :

Quels sont cet œil hagard et cet air effaré ?

— Il y a du jupon dans tes yeux, dit Goffin.

Gaston se débarrassa de son chapeau et de ses gants.

— Messieurs, répondit-il en saluant autour de lui, laissez-moi manger d'abord, je parlerai ensuite.

— Il y a donc une aventure ?

— Parbleu ! j'ai été enlevé... et il me tardait de vous raconter la chose.

— Mange, mon ami, mange !

— Garçon, six côtelettes !

— Trois seulement, dit Gaston.

— Un homard !

— Un demi-homard.

— Des œufs, de la viande saignante et une bouteille de Cos 41 !

Gaston se mit à dévorer.

— Messieurs, dit-il, il y a plusieurs espèces de femmes...

— Nous avons d'abord les femmes blanches et les négresses, interrompit Goffin.

— Nous avons ensuite, continua Duthil, les femmes dont on peut dire le nom dans un café...

— Sans les compromettre ! s'écria Robert. Dis-nous donc tout de suite que tu viens de chez la Ferrani...

— Comment le sais-tu ?

— C'est elle-même qui me l'a dit.

— Quand cela ?

— Avant-hier.

— Elle savait donc...

— Que tu sortirais de chez elle aujourd'hui ? oui, mon bonhomme !

Goffin reprit la parole.

— Allons ! tu peux t'expliquer, tu ne *perdras* pas celle-là... Beaucoup d'appelés et beaucoup d'élus, telle est sa devise.

VI

Gaston fit alors, *avec quelques embellissements*, le récit de son aventure ; puis chacun raconta à son tour une histoire scandaleuse sur la Ferrani. La pauvre femme fut traitée comme la dernière des courtisanes.

C'est généralement ainsi que les choses se passent. Des gens qui se battraient dix fois plutôt que de livrer le nom d'une femme du monde qu'ils auraient eue pour maîtresse, se montrent sans égard, sans pitié pour tout ce qui touche au théâtre.

Les amis ramassent tout ce qu'ils peuvent trouver dans les annales du mauvais monde d'histoires sales, abominables, monstrueuses, et ils présentent ce dossier d'infamie à celui qui peut en être blessé.

— Faisons-nous un tour de boulevard?

— Volontiers, répondit Gaston.

— Mon cher, s'écria alors Goffin, je vois avec peine que tu connais peu la Ferrani. C'est une créature dangereuse; elle s'attachera à toi comme le poulpe au nageur, elle te coulera.

Gaston voulut se récrier :

— Par exemple! je sais aussi bien que toi le cas que l'on peut faire de cette femme...

— Quelles sont alors tes intentions vis-à-vis d'elle?

— Je vais lui envoyer un bouquet avec un billet qui *arrête les frais*.

Il tendit le billet à Goffin, qui lut :

« Madame,

» Vous avoir vue et ne plus vous voir, c'est la sagesse.

» Les quelques instants de votre vie qu'il vous a plu de me donner ne sortiront jamais de ma mémoire...

» Vous-même, en poursuivant cette route que votre art et votre beauté ont semée de triomphes, vous songerez parfois à moi comme à l'un de ces amis qu'on est toujours sûr de retrouver aux heures sérieuses de la vie.

» La nature m'a fait maussade, emporté, brutal.

» Je ne puis être aimé qu'un instant...

» C'est pourquoi je veux que vous restiez sur un bon souvenir.

» Adieu donc, madame !

» Acceptez ces fleurs comme autant de baisers. Nous nous sommes aimés le 1er mai... Votre image me sourira tous les ans et se confondra dans mon cœur avec les lilas... »

— C'est bête comme tout, dit Goffin en rendant la lettre à Gaston ; il faut envoyer cela tout de suite...

Les deux amis passèrent le reste de la journée ensemble. Le soir, à sept heures, en passant devant la salle des Italiens, ils aperçurent une bande sur l'affiche.

La bande portait :

RELACHE

Par indisposition de Madame Ferrani.

— Il s'est passé quelque chose ! s'écria Gaston.

— Tu trouveras sans doute une lettre chez toi, ajouta Goffin.

Gaston se jeta dans une voiture :

— Rue de Provence! dit-il au cocher.

— Si tu *la* revois, cria Goffin, tu es perdu!

Mais déjà Gaston ne l'entendait plus...

VII

Il y avait deux lettres chez le concierge de la rue de Provence.

L'une disait :

« Un bouquet, un adieu, — et c'est tout !

» Déjà !

» Vous m'avez traitée comme un portefaix ne traiterait pas une femme des rues.

» C'est un bouquet de deuil que le vôtre, et je l'ai arrosé de mes larmes.

» Fallait-il que cette humiliation me vînt de vous ?

« C'est impossible ! vous allez venir, je vous attends ; il faut que je vous parle.

« Quelle punition ! que vous ai-je fait ? Oh ! je comprends maintenant ce qu'ont dû souffrir les gens que j'ai dédaignés...

« Il vous a suffi d'un instant pour les venger.

« Mais, encore une fois, je veux vous voir, vous parler. Venez, j'essuierai mes larmes pour vous recevoir, et vous reprendrez ensuite cette liberté à laquelle vous tenez tant !

« Marthe. »

L'autre billet, écrit précipitamment et à grands coups de plume, touchait presque à la folie :

« Vous voulez donc me faire mourir ?

« Pas un mot ! *Il n'a pas daigné m'écrire un mot !*

« J'ai envoyé au théâtre, je ne chanterai pas...

« Le public ! Qu'est-ce que cela me fait, le public !

« Je suis brisée de douleur, accablée de fatigue.

« Ah ! je ne t'ai pas dit que j'ai eu une crise de nerfs. Je me suis roulée par terre.

« On m'a couchée... Je suis au lit avec un bol de tisane sur la table, une compresse sur le front et un médecin dans le fauteuil.

» C'est ce médecin-là qui serait de trop si tu venais !

» Qu'est-ce que cela te fait? un moment! que je te voie! Il me semble que je te dirai des choses qui te toucheront. Tu m'embrasseras encore une fois. Oh! si tu voulais m'embrasser!... Ce sera tout, je te jure, je te laisserai partir après. »

VIII

LE PREMIER ANNEAU DE LA CHAINE

Cette douleur, si vivement exprimée, toucha le cœur de Gaston, en même temps qu'elle chatouilla agréablement son amour-propre.

Il se fit conduire rue du Cirque.

La femme de chambre vint lui ouvrir :

— Oh! monsieur! lui dit-elle avec reproche, ma pauvre maîtresse !

— Puis-je la voir?

— Certes! Mais je vais prévenir le docteur...

Le docteur vint au-devant de Gaston :

— Monsieur, lui dit-il, madame Ferrani est d'une nature très-exaltée. La révolution que vous avez causée chez elle peut la tuer. Elle a des crachements de sang qui m'inquiètent. Si vous n'avez pas d'amour pour elle, vous lui devez au moins de la pitié.

Et se tournant vers la femme de chambre :

— Prévenez madame que celui qu'elle attend est ici.

— Viens vite! cria de son lit la Ferrani.

Gaston entra.

Marthe lui prit la tête entre ses mains, et, en pleurant, la couvrit de baisers.

— Assieds-toi là... sur le pied du lit. Donne-moi ta main... Je suis guérie maintenant.

La pauvre femme était d'une effrayante pâleur ; ses grands yeux avaient un éclat sauvage, et cependant le coin de sa lèvre avait un sourire !

— Comme c'est drôle, la vie ! s'écria-t-elle; il y a ce soir deux cents équipages et douze cents personnes à la porte des Italiens, des femmes en grande toilette et des hommes en petit habit, et tout ce monde s'en retourne désappointé, ne sachant où passer la soirée, parce qu'il y a quelque part un méchant gamin qui m'a fait de la peine !

Marthe se souleva sur le coude et ajouta :

— Jure-moi que tu ne me quitteras pas !

Gaston se trouva placé dans un grand embarras.

Il n'était rien moins qu'amoureux de la Ferrani et ne savait comment se tirer d'affaire.

— Soyons raisonnables, dit-il à Marthe. Que voulez-vous faire de moi ? Puis-je vous suivre dans votre existence ? me rencontrer chez vous avec ces tentateurs à millions que la Russie et l'Angleterre jettent sur Paris ? Les Romains enlevaient les Sabines à la force du poignet, les Anglais enlèvent les actrices à la force de l'orfévrerie.

— Je ne recevrai personne, dit Marthe. Chaque fois que tu sortiras, tu mettras les scellés sur la porte de ma chambre. Le jour où tu trouveras le cachet brisé, tu pourras m'abandonner.

— Vous ne me connaissez pas, reprit Gaston ; où je suis, il faut que je commande. Si je consentais à vous garder pour maîtresse, il y aurait je ne sais quelle rumeur hostile dans un certain monde parisien ; on se demanderait les raisons de cet attelage d'un homme qui vit avec quinze mille francs par an et d'une femme qui en jette cent mille à sa couturière.

— Si cette femme, pour la première fois de sa vie, s'est mise à aimer de tout son cœur, de tout son être ?...

— On se moquera d'elle.

— On se moquera huit jours, quinze jours, puis l'on s'occupera d'autre chose. Si je ne veux pas être payée, moi ! — Tu accepterais bien l'amour d'une petite bourgeoise ?

— L'amour d'une petite bourgeoise n'est pas coté; elle me le donne, je lui rends le mien — et nous sommes quittes.

La Ferrani se mit à pleurer.

— Qu'est-ce que c'est que tous ces portraits-là ? demanda Gaston en jetant les yeux autour de lui. Voici d'abord lord Bradley... et celui-ci ?

— C'est William Norton, murmura Marthe.

— Il est d'une merveilleuse beauté, dit Gaston; vous l'avez aimé ?

— Non.

— Et cette absence d'amour a duré ?...

— Six mois.

— Et les autres ?

La Ferrani s'écria violemment :

— Je n'ai aimé personne ! personne, entends-tu bien ? J'ai eu des amants, on le sait, et je ne m'en cache pas... mais combien m'en a-t-on prêtés que je n'ai pas eus ? Tu as encore la tête remplie des histoires racontées sous des initiales infâmes, par je ne sais quels petits journaux ! Tu crois tout cela, toi ?

Gaston répondit sentencieusement :

— Le rôle de la femme est de nier !

— Eh bien ! raconte-moi tout ce qu'on t'a dit de cette pauvre Ferrani ?

— Le ténor Gaëtan ?

— Il est venu chez moi comme camarade, il m'a fait la cour, voilà tout.

— Le baryton Carraro ?

— Ce n'est pas vrai ! Il m'a volé des bagues et un collier ; je ne le connais pas autrement.

— Le danseur Carbasse ?

— Ah ! cherche plus haut, dit Marthe avec colère, et ne me parle pas de ces gens-là !

A ce moment, un coup fut frappé discrètement à la porte.

— C'est Madeleine, dit la chanteuse ; entre, ma fille !

Madeleine courut à sa mère et l'embrassa avec une tendresse nerveuse qui n'était pas sans affectation.

— Regarde ce monsieur, ma fille, dit Marthe, c'est M. Gaston Duthil, un ami de ta pauvre mère. Il viendra nous voir souvent, tous les jours même.

Et s'adressant à Gaston :

— Comme elle est belle, ma petite Madeleine ! Si vous saviez comme elle aime sa *mérotte !* — Fais voir comme tu m'aimes !

Madeleine, en riant, reprit sa mère entre ses bras et recommença la scène de passion filiale.

— Donne-moi le petit coffret, s'écria Marthe, émue jusqu'aux larmes.

Madeleine apporta le petit coffret en ouvrant de grands yeux.

— Tiens, dit la mère, je te donne ces boucles d'oreille et cette bague...

— Merci, maman.

Madeleine courut à la glace pour juger l'effet de sa nouvelle parure.

— Il manque la broche, dit-elle avec un léger soupir.

— Est-elle naïve ! reprit Marthe ; tiens, voilà la broche !

Madeleine allait avoir seize ans. Petite, bien assise sur les hanches, des mains admirables, une fraîcheur éclatante, la bouche d'un baby et les yeux d'une lorette.

Elle avait un rire enfantin, bien franc, dont les éclats étalaient loyalement trente-deux petites dents bien serrées dans un calice de roses.

Elle regardait Gaston à la dérobée et avec une certaine méfiance.

Quand elle fut sortie :

— Je te préviens, dit Marthe, que ma fille est jalouse ; il ne faut pas que j'aie l'air *de t'aimer trop devant elle*, parce qu'elle en mourrait.

— Nous dissimulerons, répondit le jeune homme en souriant.

Il se leva et fit le tour de l'appartement, ne sachant comment se ménager une sortie. Il songeait au bonheur de ceux qui erraient paisiblement sur le boulevard. Un cachet lui tomba sous la main ; il lut la devise :

TOUT PASSE, TOUT CASSE, TOUT LASSE.

— C'*était* mon cachet, dit Marthe, il faudra m'en trouver un autre.

— Je vais le chercher ! s'écria Gaston en prenant son chapeau.

— T'en aller ! fit Marthe, tu me trouves laide parce que je suis malade ?

— Par exemple !

— Ah ! je vois ce qu'il te faut, tu veux fumer ? Allume ton cigare... En as-tu seulement sur toi ? Il y en a une boîte dans l'armoire à glace.

— Merci ! dit Gaston, j'en ai...

Et il resta.

IX

Marthe Ferrani fut longtemps à se rétablir.

Gaston la soigna comme aurait fait une sœur de charité.

En dehors de cette chrétienne occupation, il lui lisait des romans, il lui rapportait les anecdotes qui couraient dans Paris; il l'amusait.

Marthe répétait souvent :

— Ah! on n'a pas le temps de s'ennuyer avec lui!

Deux ou trois fois Gaston dîna avec Madeleine sur un guéridon placé au pied du lit.

Madeleine avait facilement adopté le poëte. Elle

riait avec lui, lui prenait son pain et disait d'un petit ton sérieux :

— Ce n'est pas moi !

Si Gaston la prenait sur le fait, elle le battait. Il rendait les coups ou faisait semblant de les rendre, et la Ferrani les appelait : « *les deux enfants.* »

Une fois elle embrassa Gaston devant sa fille.

Celle-ci pâlit et sortit brusquement.

— Va donc voir, dit la chanteuse, ce qu'a Madeleine.

Gaston entra dans la chambre de la jeune fille...

Elle sanglotait.

— Madeleine ! demanda Gaston, pourquoi pleurez-vous ?

Madeleine ne répondit pas.

Il lui prit la main :

— Laissez-moi, dit-elle.

— Je ne m'en irai que lorsque vous m'aurez répondu

— Pourquoi me demandez-vous une chose que vous savez ?

— Moi ?

— Vous me demandez pourquoi je pleure ?

— Oui, balbutia le poëte.

Madeleine fixa sur lui ses grands yeux farouches :

— Eh bien ! s'écria-t-elle, je vous dis que vous le savez !

Gaston contempla un instant la jeune fille, ne sachant où devaient s'arrêter ses suppositions.

Quand il revint auprès de Marthe :

— Qu'avait-elle ? demanda la chanteuse.

— Elle n'a pas voulu me répondre, dit Gaston ; je la crois jalouse...

— Parbleu ! fit Marthe, elle m'adore.

X

La Ferrani put enfin se lever et sortir.

Elle pria Gaston de l'accompagner au bois.

— Évitons la foule, dit celui-ci, et faisons cette promenade entre une heure et deux. Jusqu'à deux heures et demie, c'est le bois de Boulogne, on y trouve des feuilles et de l'air. A partir de trois heures, c'est le Bois, il n'y a plus que de la poussière et des bouts de cigare.

— Comme tu voudras, dit Marthe.

Quelques minutes après, elle descendait de voiture, et, appuyée sur le bras de son amant, elle faisait sa promenade de convalescence. Gaston marchait lentement, dissimulant de son mieux des bâillements de chien attaché.

Marthe s'arrêtait de temps en temps pour se reposer.

— Ma vie est finie, disait-elle ; qui pourrais-je aimer après toi ? Cher petit être ! si tu savais comme je me sens heureuse et fière à ton bras !

Pendant que Marthe roucoulait, Gaston voyait avec épouvante les premiers promeneurs arriver dans les avenues.

Deux cavaliers passèrent à côté de lui.

Il reconnut Ferdinand Goffin et Robert Dutaillis.

— Bonjour, Duthil ! cria Goffin.

Le poëte sentit que c'en était fait de sa liberté.

Il les regarda s'éloigner, et ramenant les yeux sur sa maîtresse pâle, maladive, il la trouva laide.

Ses tempes étaient fanées, ses joues transparentes. Elle avait de petits points noirs sur les narines. A force de porter son mouchoir à ses lèvres, elle en avait enlevé le rouge ; une contraction nerveuse avait tracé une ride qui partait du coin de la bouche et allait se perdre au-dessus de la narine droite. La peau du front présentait le décalque exact d'une toile d'araignée : c'était un tissu de lignes presque imperceptibles se croisant dans tous les sens.

— Elle se donne trente-quatre ans, pensa Gaston, elle a mieux que cela...

Une victoria s'arrêta au coin de l'allée.

Sarah Volcan et Berthe Deverrier en descendirent et vinrent prendre les mains de la Ferrani.

— Je n'ai appris qu'hier votre maladie, ma toute belle, dit Sarah, j'irai vous voir.

— Quand venez-vous dîner ? demanda Berthe, qui ajouta en se tournant vers Gaston :

— Vous me l'amènerez, n'est-ce pas, monsieur ?

Gaston s'inclina en faisant une souriante grimace.

Un point blanc se dessina à l'horizon. C'était le nez du comte de Rouzoff, qui essayait un attelage d'Écosse et un poney-chaise.

Il jeta les guides aux mains du laquais et arriva en traînant la jambe.

— Ma chère, dit-il avec cet accent lent et noté qui distingue les Russes, je me suis *donc* présenté quatre fois chez vous sans être assez heureux pour vous voir. C'est mal de fermer la porte à ses vieux amis...

— J'étais malade, répondit Marthe en rougissant.

— Vous savez, continua le comte, que je ne me décourage pas facilement, je reviendrai...

Gaston entraîna Marthe vers le coupé qui les avait amenés.

Plusieurs personnes la saluèrent en chemin.

— Qu'est-ce que c'est que ce monsieur? demandait Gaston.

— C'est un ami de Bradley.

— Et cet autre ?

— C'est le cousin de Norton.

— Et ces deux-là ?

— Je les ai rencontrés aux eaux ; ils m'accompagnaient souvent dans les promenades à cheval : l'un est le comte Olivieri, l'autre le duc de Longpont.

— Que le diable les emporte ! dit Gaston, qu'est-ce que c'est que tout cela ?

— Ce sont des gens du monde.

— Je ne suis donc pas du monde, moi ?

— Tu es du monde de l'intelligence, de l'esprit ; mais tu n'es pas du monde des clubs et des écuries.

— Il faudra choisir entre ces messieurs et moi.

— Mon choix est fait — puisque je t'aime.

— Sans doute ; mais quand on appartient au monde de l'intelligence, on n'aime pas à trouver chez sa maîtresse le monde des écuries.

— Tu m'amèneras tes amis et je ne verrai plus les miens...

— C'est convenu, dit Gaston apaisé.

XI

LES CORRUPTEURS DE PARIS

Après avoir laissé Marthe chez elle, le poëte revint à la rue de Provence.

Il s'aperçut qu'il était suivi par ce domestique de lord Bradley, qu'il avait déjà remarqué plusieurs fois.

Gaston fût pris d'un mouvement d'irritation.

Il se retourna brusquement vers cet homme :

— Dites donc à votre maître, s'écria-t-il, qu'il n'a pas besoin de me faire espionner. Je tiens à sa disposition le journal complet de mes faits et gestes ; il n'a qu'à venir le chercher lui-même.

L'homme ne répondit pas et s'éloigna.

Le lendemain, au moment où Gaston finissait de s'habiller, le timbre de son appartement lui annonça un visiteur.

Il alla ouvrir, et reconnut lord Bradley, qu'il fit entrer dans le salon.

— Monsieur, lui dit l'Anglais, j'ai un marché à vous proposer. Écoutez-moi donc avec patience, et si ma franchise encourage la vôtre, vous prendrez la parole à votre tour.

Gaston s'inclina en signe d'acquiescement, et lord Bradley commença.

— J'ai aimé Marthe Ferrani, dit-il, et je ne l'aime plus. Elle m'a rendu jaloux à mourir de rage ; j'ai pris le parti de vivre d'indifférence. Ne croyez pas à une liaison passagère avec elle. Quand la Ferrani s'entête, ce qui lui est arrivé trois ou quatre fois, elle meurt sur la bête plutôt que de lâcher prise.

Elle a, dans ses bons moments, une manière à elle de vous passer le bras autour du cou et d'appuyer sa tête sur votre poitrine. Elle a des câlineries d'enfant gâté auxquelles il est impossible de résister. Elle m'aimerait encore si je ne l'avais pas lassée. Il y a quelqu'un qu'elle mettra toujours au-dessus de son amant : c'est tout le monde. J'ai voulu lutter contre tout le monde, et j'ai été vaincu.

Vous avez, monsieur, je ne sais quelle gaieté satirique qui a fait votre réputation ; vous la perdrez auprès de Marthe...

— La gaieté ou la réputation? demanda Gaston.

— Les deux, répondit froidement l'Anglais.

Et il continua :

— Vous serez envahi par une inquiétude mortelle. Elle vous cachera toujours quelque chose que vous tâcherez vainement de deviner. Cette femme a ramé vingt-cinq ans sur les galères de l'amour, ne l'oubliez pas... Elle a trouvé le danseur Carbasse et le baryton Carraro tout aussi charmants que vous pouvez le paraître. Au bout de quelques temps, vous l'ennuierez. Son opinion à cet égard se trahira par des bâillements qui la prendront dès que vous resterez seuls ensemble, tandis qu'avec ses *camarades*, elle sera rieuse et folâtre au possible.

Je vous dis tout cela pour que vous sachiez bien que je connais à fond la créature. Je lui ai donné un million, et elle m'a trompé avec tout Paris.

Des amants qu'elle a eus, les gens de théâtre sont ceux qui ont le moins duré. On a un caprice pour Lélio, et c'est fini huit jours après. Je ne compte pas cet ordre de rivaux. Mais parmi les gens à demi-fortune qui ont passé chez elle, il n'en est pas un qu'elle n'ait rendu ridicule par une basse trahison et calomnié par un esprit de rancune. En amour, comme en affaires, elle a le sang-froid d'un vieil huissier...

— Vous êtes cruel, mylord, fit Gaston.

— Je la ménage, s'écria l'Anglais, et si je vous en ai tant dit, c'est autant pour vous mettre en garde contre l'avenir que pour vous prouver que je ne l'aime point.

Je reprends. Vous la dominez en ce moment, vous ferez d'elle ce qu'il vous plaira. Depuis quinze jours que vous êtes son amant, je n'ai pu la voir que deux fois.

— Ah! vous avez été reçu? fit Gaston en pâlissant.

— Elle vous l'a caché? Elle vous en cachera bien d'autres!... Eh bien! c'est précisément à ce sujet que je suis venu loyalement vous trouver. Je sais qui vous êtes, monsieur; je vous tiens pour un galant homme, et je n'en ai pas rencontré beaucoup chez la Ferrani. Être beau, fumer, aimer les femmes et faire deux sonnets par an, ce serait l'idéal du poëte de boulevard; mais nous n'en sommes pas là. Votre époque n'aime pas les oisivetés; il faut aujourd'hui, pour se faire un nom, livrer un continuel assaut à l'indifférence d'un public endormi. Vous n'avez donc pas de temps à perdre. D'autre part, il faudrait la journée de trois agents de police pour surveiller à peu près une femme indépendante. Voici donc ce que je vous propose!

Gaston écoutait l'Anglais avec un certain étonnement et se demandait où il voulait en venir...

— Vous n'exigerez pas de la Ferrani, continua Bradley, qu'elle cesse de me recevoir. Pour une raison que je ne puis vous dire maintenant, j'ai besoin d'aller dans la maison à peu près tous les jours.

En échange de cette liberté que vous me laisserez, je vous donne ma parole de gentleman que Marthe sera pour moi comme une étrangère, que pas un mot, dans mes conversations, ne pourra lui rappeler que j'ai eu des droits sur elle.

De plus, le jour où elle vous trompera, c'est moi qui vous avertirai.

— Vous croyez donc, demanda Gaston, que je ne m'en apercevrai pas ?

— Vous ne vous apercevrez de rien du tout. Marthe ne songe à trahir son homme que lorsqu'elle l'a complétement subjugué. Songez qu'il y a quinze ans que j'étudie cette femme. Son intérêt me répondait d'elle autant que sa vanité. Elle était flattée de se montrer quelquefois en public, soit aux courses, soit dans une avant-scène, en compagnie d'un pair d'Angleterre.

Eh bien ! le premier rival qu'elle m'a donné, c'est le baryton Carraro, un homme plus âgé que moi et qui s'était fait de l'ivrognerie une douce habitude. Ce n'est pas Carraro qu'elle aimait, c'est le rôle qu'il jouait dans le *Velurino.* Carraro l'enlevait à la fin du premier acte. Pouvait-elle résister à la ville à un homme qui *l'enlevait* trois fois par semaine dans un opéra-buffa ?

Après cet histrion, elle s'amouracha d'un petit jeune homme qui s'appelait Charles de Mézerille, un gentil garçon, ma foi! vingt ans, blond, distingué. C'est elle qui l'a perdu. Elle était folle de lui. Une pension de dix mille francs qu'il recevait d'une province éloignée ne suffisait point à ses appétits de lionceau. La Ferrani lui dit : Prends! tu me rendras plus tard.

Il portait des pantalons de la même couleur que les robes de sa maîtresse. Elle lui faisait faire des gilets avec les étoffes que j'avais payées. Cravates, gants, bijoux, il ressemblait à la Ferrani comme un frère cadet ressemble à sa sœur...

Mis au ban de la société parisienne, conspué, pleurant des larmes de sang, cet enfant apprit un matin que le sympathique ténor Gaëtan avait roué de coups la bien-aimée de son cœur.

Il résolut de se battre avec Gaëtan, qui lui dit :

— Mon petit, libre à vous de ne pas rosser les femmes qui vous trompent, chacun sa méthode! Les femmes ont des yeux, les hommes ont des bras ; moi, je m'en sers.

Mézerille, désespéré, retourna dans sa province. Il y avait été devancé par une lettre de Marthe qui réclamait quarante-deux mille francs au vieux marquis de Mézerille.

Le gentilhomme paya — et mourut de chagrin.

Lord Bradley s'interrompit :

— J'ai beaucoup d'autres histoires dans mon sac, dit-il, mais je vous en fais grâce...

— Mon Dieu ! répondit Gaston, je n'ai point à redouter d'en être réduit à de pareilles vilenies.

— Savez-vous où vous allez? reprit l'Anglais.

— Marthe me plaît, fit Gaston, mais je ne l'aime pas.

— Si demain elle parlait de vous quitter, vous en deviendriez fou. Je vous attends au premier obstacle !

— A mon tour, mylord, dit Gaston en se levant. Vous venez de la mettre bien bas, cette pauvre Ferrani que vous avez aimée ! Si j'avais eu quelque illusion sur son compte, cette illusion serait bien loin maintenant...

— Comment donc appelez-vous, s'écria Bradley, le sentiment qui vous attache à elle?

— Un sentiment de justice !

L'Anglais parut stupéfait.

— Vous espérez faire de la Ferrani une femme honnête? demanda-t-il.

— Eh! qui sait, monsieur? répondit le poëte. Une larme sincère efface bien des fautes...

L'Anglais, riant aux éclats, se tordait dans son fauteuil.

— Je vous prie de m'excuser, murmura-t-il, mais c'est si drôle!...

— Riez si vous voulez, dit Gaston, car j'accepte, malgré tout, la proposition que vous m'avez faite de m'avertir à la première trahison.

— Vous pouvez y compter.

— Je demanderai des preuves?

— Vous en aurez.

— Voilà bien les corrupteurs de mon pays! s'écria le poëte, ils ne croient à rien excepté au mal. Parce que je ne sais quel démon, qui a présidé à leur naissance, leur a donné des mines de houille, de plomb et de fer en Écosse, ou bien quelques villages peuplés d'âmes mortes, sur les bords de la Petchora, ils envahissent Paris, achètent les enfants pauvres et les vouent au vice et à la honte. Ils encouragent tout ce que la loi punit, l'excitation à la débauche et le détournement des mineures. Ils ont inventé de mauvais lieux où une salade de légumes se vend cent écus; et là, pendant que les honnêtes gens dorment, on voit jusqu'au matin apparaître, à quelque balcon doré, une tête de jeune fille aux cheveux épars, à la lèvre avinée. Les propos ignobles ont seuls le triste privilége d'amuser ces gentilshommes ; et le blasphème les distrait un instant quand c'est la bouche d'un enfant qui le vomit! Blanches filles de la Touraine, petites Bretonnes aux blonds cheveux, Béarnaises superbes que le vent de la montagne a taillées dans le marbre, venez donc à Paris oublier le village et le catéchisme, et le ruisseau qui faisait vos chemises blanches, et la source au cresson, et le vieux curé qui vous donnait une image avec saint François rouge et bleu! Il y a ici des gens qui vous attendent. C'est pour eux que vous êtes nées. Laissez le soleil à vos mères, on a pour vous le gaz et les lampes fétides. Par un coup de baguette, la charrette des vendanges est transformée en victoria. Votre frère, galonné d'or, tiendra la bride des chevaux et montera derrière la voiture. Apprenez un refrain obscène, levez la jambe à la hauteur des yeux — et prenez votre place dans la danse macabre de Paris !

— Pauvres filles! dit lord Bradley avec ironie, quel bonheur qu'il se trouve de temps en temps un garçon de cœur comme vous pour les tirer de là!

Il se leva, prit son chapeau et ajouta froidement :

— Quand ces dames ont achevé leur fortune, quand elle se sentent vieillies et usées, elles prennent un amant plus jeune qu'elles; il est facile de jouer le désintéressement quand on a des rentes, et c'est ce nouveau caprice qu'on appelle la rédemption...

Au revoir, monsieur!

XII

Le soir, Gaston était soucieux.

La Ferrani, inquiète, l'interrogea avec une minutieuse sollicitude.

— Je n'ai rien, répondit le poëte.

— On ne me trompe pas si facilement, dit la Ferrani. Tu as quelque chose que tu ne veux pas me dire.

Ce n'était pas le jour des Italiens.

Marthe et son amant avaient pris une loge à un théâtre du boulevard. Gaston se tenait au fond de la loge et se cachait derrière une draperie.

— On dirait que tu rougis de moi, s'écria la cantatrice avec douleur. Viens ici, je veux qu'on te voie...

D'un signe de tête, Gaston refusa de se mettre en évidence.

— C'est trop fort, reprit Marthe avec dépit; quand des gens du meilleur monde ont tenu à honneur de se montrer avec moi, il faut que je rencontre un sauvage qui met son orgueil à me renier !

Pendant toute la soirée, Marthe affecta de lorgner les gens à droite et à gauche.

Deux ou trois personnes la saluèrent de loin.

Elle mit à leur rendre ces saluts une ostentation ridicule.

Gaston sortit et ne revint qu'à la fin du spectacle.

La Ferrani lui prit le bras, et il la conduisit jusqu'à son coupé, dont il referma la portière derrière elle.

— Tu ne viens pas ? demanda Marthe éplorée.

— Vous savez bien que je ne puis monter dans votre voiture.

— Que vas-tu faire, alors ?

— Je vais prendre un fiacre.

Marthe descendit.

— Eh bien ! j'irai dans ton fiacre, dit-elle.

Quand ils furent enfermés tous deux dans l'appartement de la rue du Cirque, la Ferrani jeta son châle et son chapeau et se mit à genoux devant son amant:

— Je t'en supplie, demanda-t-elle, confie-moi ton chagrin ?

— Marthe, répondit tristement le jeune homme, cette existence est impossible à continuer. Chaque fois qu'à mes côtés un homme vous salue, je cherche à lire dans ses yeux s'il ne vous a pas possédée avant moi, — et je souffre. Parmi ceux à qui vous avez été facile, il en est, j'en suis sûr, qui me raillent; il en est d'autres qui me calomnient peut-être. C'est un enfer que votre amour !

— Veux-tu quitter Paris ?

— Où aller ?

— La saison est finie. J'irai chanter en province. Tu descendras dans le même hôtel que moi. Essayons! Partons demain pour Fontainebleau; veux-tu ?

— Partons !

XIII

La vieille forêt aux sites sauvages n'était pas encore peuplée de tous les badauds de Paris.

La saison n'était pas venue où l'on trouve un peintre assis au pied de chaque arbre et des familles de boutiquiers s'évertuant à cracher dans *la mare aux fées* pour y faire des ronds.

Les coteaux aux contours énergiques se découpaient dans l'azur du ciel sans être hérissés de silhouettes grotesques.

Gaston Duthil, revêtu d'un costume de chasse, chevauchait à côté de la Ferrani dans les grandes allées qui laissent la ville derrière elles.

Martha portait merveilleusement l'amazone. Un petit chapeau rond, surmonté d'une plume de faisan d'Écosse, lui donnait un aspect enfantin et des airs décidés qui charmaient le poëte.

Diana Vernon, s'échappant des œuvres de Walter Scott, n'aurait pas eu meilleure tournure à l'entrée des gorges d'Apremont.

Les bruyères roses, les houx et les genêts ajoutaient à l'austère tristesse des grès gigantesques.

Le *Mail de Henri IV*, la *Roche qui pleure*, la *Gorge aux loups*, la *Caverne ténébreuse*, il fallut tout parcourir et tout visiter.

Marthe gambadait joyeusement, sa cravache à la main, le teint animé, les yeux brillants : elle avait seize ans.

Le couple amoureux s'arrêta pour déjeuner à Franchart.

On les servit sous les grands arbres.

Gaston avait oublié Paris; et n'ayant pas à redouter les commentaires de la galerie, il se laissait aller à sa nature joyeuse et folle.

La Ferrani n'était plus actrice ou lorette, elle était femme...

Tous deux riaient comme des enfants, s'amusant l'un de l'autre...

Tout à coup Marthe se leva, et, se jetant au cou

de son amant, elle l'étouffa de caresses et de baisers.

Deux larmes de regret et d'espoir descendaient le long de ses joues roses.

— M'aimes-tu ? demanda-t-elle.

Gaston était vaincu.

Il répondit simplement :

— Je t'aime.

XIV

Il fut convenu qu'on ne ferait que traverser Paris et que, pour échapper aux regards malveillants, on commencerait aussitôt les voyages projetés...

On irait d'abord à Caen, où Gaston était né ; Marthe voulait voir la ville natale de son amant.

Le soir même, elle fit remplir onze malles, et le lendemain, à sept heures et demie du matin, un omnibus de famille attendait les voyageurs de la rue du Cirque.

Madeleine embrassa sa mère avec une effusion qui lui valut un bracelet et une croix en diamant.

— Vous partez aussi, vous? demanda-t-elle à Gaston avec une ironie accentuée.

— Pourquoi ne partirais-je pas ? dit Gaston.

— Oh ! fit Madeleine, vous voyez bien qu'on n'est pas forcé de partir, puisque je reste...

Était-ce un reproche seulement ? Était-ce une accusation ? C'est ce que Gaston ne pouvait éclaircir.

Plusieurs fois, il avait remarqué, chez la jeune fille, une sorte d'inquiétude jalouse.

Avait-elle pris quelque ombrage de sa présence continuelle dans la maison ?

Craignait-elle de voir envahir l'affection de sa mère ?

— Madeleine, dit le jeune homme, pensez-vous que, sans moi, votre mère vous eût emmenée ? Est-ce là ce que vous avez voulu dire ?

— Vous ne comprenez rien, fit Madeleine en lui tournant le dos.

La voix de Marthe se fit entendre dans l'escalier.

— Allons ! criait-elle, dépêche-toi, nous serons en retard !

Gaston descendit à la hâte.

Madeleine se mit à la fenêtre et suivit des yeux la voiture jusqu'à ce qu'elle eût tourné le coin de la rue.

XV

Rien n'amortit autant l'énergie des facultés intellectuelles que la continuité du même spectacle et la répétition constante des mêmes choses dans le même ordre...

C'est en amour surtout que cet axiome de M. de Gérando prend des proportions affligeantes.

M. Scribe lui-même nous l'apprend :

> Le bonheur est dans l'inconstance,
> Elle seule embellit nos jours !

Une existence semée de dégoûts, un esclavage de tous les jours commença pour Gaston Duthil.

En route, la Ferrani tremblait pour ses bagages : il fallait les lui montrer à chaque station. Cette inquiétude bourgeoise lui donnait je ne sais quoi de petit et de ridicule qui était un premier désenchantement.

Elle ne savait même pas se faire honneur de cette richesse mal acquise.

Dans le wagon, elle disait tout haut le prix de ses robes pour étonner les voyageurs. Gaston ne savait où se fourrer.

A Caen, où elle chanta le *Veturino*, elle eût peu de succès le premier soir.

Comme sont obligés de le faire les artistes italiens dans leurs excursions en province, elle disait son rôle en italien, tandis que les autres étaient chantés en français.

Le public ne goûta pas cette méthode.

D'autre part, Marthe, à peine rétablie, n'avait pas recouvré tous ses moyens.

En rentrant à l'hôtel, elle fit une scène à Gaston.

— Par exemple ! s'écria-t-elle, voilà l'accueil qu'on me fait dans ta ville ! Tu connais tout le monde ici. Dans la rue c'est à qui te serrera la main, et voilà comment *tes amis* me reçoivent au théâtre !

— Je vous ai conseillé, dit Gaston, de commencer

vos représentations par la *Maledetta* ou par quelqu'un de vos rôles sérieux...

— Alors tu me trouves mauvaise dans le *Veturino* ?

— Je ne dis pas cela.

— C'est fort heureux ! Qu'as-tu fait, qu'es-tu devenu pendant toute la journée d'hier ? Tu aurais dû aller au cercle, *travailler* les gens, t'occuper de moi, enfin ! Dieu me pardonne, on m'a chutée hier au soir...

Et elle ajouta avec un rire plein de reproches et de sarcasmes :

— Dans ton pays !

— Chantez-leur la *Traviata*, ils ne vous chuteront pas.

— Et si je veux leur chanter le *Veturino*, moi ?

— Chante-leur le diable et laisse-moi tranquille, s'écria Gaston en colère.

La Ferrani se radoucit.

— J'ai tort, dit-elle, de te faire des reproches, mais tu dois comprendre mon irritation. Il faut que je chante encore une fois ce maudit opéra. Ils n'ont rien de prêt au répertoire, ici. Tu connais beaucoup de monde dans la ville, fais-moi soutenir...

Gaston commença ses démarches à huit heures du matin.

Après avoir commandé, pour le soir, une immense

couronne de laurier à feuilles d'or et trente bouquets naturels de différents prix, il alla trouver un de ses camarades d'enfance qui dirigeait une filature de coton. Celui-ci distribua à ses ouvriers une cinquantaine de billets de secondes et de troisièmes avec ordre d'applaudir frénétiquement.

D'un autre côté, les jeunes gens du cercle promirent de déployer un certain enthousiasme à la condition qu'on leur donnerait la *Traviata*, le surlendemain.

Gaston promit la *Traviata*.

Le soir, il distribua des compères dans tous les coins de la salle...

Au moment où le rideau se leva, il éprouva une émotion semblable à celle d'un général qui ordonne l'assaut.

Heureusement, chacun était à son poste.

La représentation fut des plus brillantes.

Les ouvriers de la filature donnèrent comme un seul homme. Le cercle tint sa parole ; et la Ferrani, couverte de fleurs, ne savait plus de quel côté saluer.

Gaston, qui avait passé la soirée à commander la manœuvre, allant de l'orchestre au *paradis*, courant raffermir les *secondes* chancelantes, encourageant du regard, remerciant de la tête, se précipita vers la loge de la cantatrice, espérant recevoir au moins un remercîment.

Il poussa la porte et entra.

Marthe, debout devant la glace qu'éclairaient deux becs de gaz, était occupée à se passer du cold-cream sur le visage pour en enlever le rouge et le blanc.

Elle se retourna avec un mouvement d'impatience.

— Ah! c'est toi, petit, dit-elle; tu entres toujours si brusquement que tu m'as fait peur...

— Eh bien? s'écria Gaston d'un air triomphant, tu es contente, ce soir?

Marthe se mit à ricaner.

— Voilà bien le public! dit-elle avec dédain, toujours bête et capricieux! Je t'ai dérangé, mon cher enfant, et tu vois que je n'avais pas besoin de toi.

— C'est vrai, murmura Gaston, en essuyant la sueur qui ruisselait sur son front.

XVI

Le poëte voulut assister à une répétition de la *Traviata*.

Il se glissa derrière les portants des coulisses et arriva jusqu'à la scène.

On allait commencer le deuxième acte.

La Ferrani, remplissant les fonctions de régisseur, exagérait l'importance d'une *artiste en représentation*.

— Par ici! criait-elle à l'un. Toi, là bas! disait-elle à l'autre. Où est la petite fille? Mademoiselle Flore! Ah! vous voilà? c'est heureux! Vous ferez votre entrée au deuxième plan. Toi, Saint-Théodore, tâche donc de te procurer un peu de chaleur. Tu es comme un glaçon. Il faut que tu aies l'air de m'aimer!

— Hum! fit Gaston derrière le bosquet n° 3.

— Qui est-ce qui s'étrangle par là-bas?

Gaston se montra.

— C'est moi, dit-il en fixant sur sa maîtresse des yeux pleins de colère.

— Qu'est-ce que tu fais-là?

— Je vous écoute.

— On se dit *vous*, maintenant?

— Il le faut bien pour que l'on sache si vous parlez à moi ou à *monsieur* Saint-Théodore...

— Te voilà fâché? Je les tutoie parce que cela va plus vite.

Marthe prit un air câlin.

— Allons, dit-elle, je ne le ferai plus. Embrassez-moi!

Gaston l'embrassa; puis il s'assit sur une chaise et resta jusqu'à la fin de la répétition.

— Est-ce que tu vas venir comme cela tous les jours? lui demanda-t-elle en sortant.

— Je ne te quitterai plus, dit Gaston, qui se condamna, en effet, depuis ce moment, à errer tristement dans les coulisses depuis onze heures du matin jusqu'à trois ou quatre heures de l'après-midi.

Grâce à cette ennuyeuse obstination, il obtint que la Ferrani ne tutoyât plus les gens à première vue.

Si cette surveillance paraissait quelquefois gênante à la comédienne, elle était flattée, d'autre part, de se voir suivre pas à pas par ce tout jeune homme qu'elle avait dompté.

— C'est un garçon qui m'adore! disait-elle avec orgueil à ses compagnons de tréteaux.

XVII

Au milieu de cette existence empoisonnée, Gaston trouvait encore quelques joies, mais que de souffrances amères pour un instant de bonheur, c'est-à-dire d'oubli!

Un jour de relâche, Marthe lui proposa de faire une excursion à Courseulles.

Tous deux partirent, dès huit heures du matin, dans un léger char-à-bancs, et prirent la route de la Délivrande.

Le paysage normand déployait autour d'eux toutes ses richesses; la route est bordée de mûriers sauvages et d'aubépines touffues que dominent de hauts peupliers.

Les oiseaux à milliers gazouillaient dans les haies et dans les charmilles.

De distance en distance, une croix ou une petite chapelle garnie d'*ex-voto* de toutes sortes indique au voyageur que la mer est proche.

Après avoir laissé derrière eux la Délivrande, les deux amoureux, apercevant les villages qui bordent la côte, se dirigèrent au galop vers Courseulles.

Là, comme à Franchart, ils déjeunèrent avec un appétit d'écolier.

La table était servie sous une tonnelle.

La mer mouillait le sable à dix pas.

Une servante de l'auberge, plongeant le bras dans le parc, en retirait les huîtres qu'elle ouvrait d'un tour de couteau pour les placer aussitôt sur l'assiette.

— Les bons petits pommiers, dit Marthe en jetant un regard sur le jardin, on dirait qu'ils se sont fait friser ce matin!

— Certes, s'écria Gaston, les parterres manquent de fleurs; les rosiers sont brûlés par le vent de la mer et le houblon des bordures est pâle et maigre, mais je t'aime mieux dans ce pauvre jardin, avec ces allées semées de coquillages, que dans ta loge aux Italiens ou dans ta voiture aux Champs-Élysées.

Marthe essuya une larme d'attendrissement.

— Tu me rappelles Norton, dit-elle à son amant qui pâlit affreusement. Quand nous avons fait notre grand voyage sur les bords du Rhin, il aimait à m'entraîner loin des villes et des hôtels. Nous avons passé trois mois en Suisse; il avait vingt-deux ans, j'en avais vingt-six. Il voulait m'épouser, c'est moi qui n'ai pas voulu. Voudrais-tu m'épouser, toi?

— Non, dit Gaston.

— Un jour, continua la cantatrice, nous étions en bateau, sur le lac, Norton me dit : Jure moi de m'épouser ou je chavire !

— Et vous avez arrangé l'affaire? dit Gaston.

— Quand sa famille l'a rappelé, il voulait se tuer. C'est celui-là qui m'aimait!

— Et cependant il est parti?

— C'est moi qui l'ai renvoyé. Tout passe, tout casse, tout lasse !

— Il est en Angleterre?

— Ma foi! oui, là-bas...

Marthe étendit le bras et montrant du doigt à son amant une ligne bleuâtre à l'horizon :

— Brighton est par là; la saison est commencée, William est peut-être attablé de l'autre côté de la Manche, comme nous de ce côté-ci...

— Si nous lui faisions signe de venir? dit Gaston

qui cherchait à cacher l'irritation que ce voyage dans le passé avait soulevée en lui.

Marthe se mit à rire.

— Que tu es bête! dit-elle.

Mais levant les yeux sur Gaston elle s'aperçut qu'il rongeait sa moustache avec fureur.

— Qu'est-ce que tu as, maintenant? A quoi penses-tu?

— Je pense, s'écria Gaston, que je suis bien bas tombé de m'être attaché à une créature de ton espèce. Puis-je poser mes lèvres sur ton visage sans y trouver la trace des baisers d'un autre? Puis-je regarder ton mur sans y trouver des portraits? coudoyer des gens dans la rue sans interpréter douloureusement le sourire de ceux qui t'ont connue? Ta honte est partout, misérable! En Angleterre, Norton, Bradley, qui encore? En Russie, l'ignoble Rouzoff — et d'autres! A Francfort, le banquier Kriegelstein; Mézérille est en Afrique, Carraro est à Rome, tu en as partout! à Paris on ne compte plus... Qu'es-tu donc venue faire dans ma vie? Que veux-tu de moi? Tu voulais me perdre! je suis perdu. Le fardeau d'ignominie était trop lourd à porter, il te fallait un aide. Tu t'es enroulée autour de moi comme un serpent et j'étouffe sous ton étreinte. S'il m'arrive parfois d'oublier qui tu es, et si Marthe me repose de la Ferrani, cet instant de bonheur est bien vite emporté par quelque souvenir infâme. Un mot, un nom suffisent. Les sentiments qui sont nouveaux pour moi, tu les as déjà usés avec d'autres. Quel sentier que tu n'aies gravi au bras d'un autre homme? Quel pays où tu n'aies traîné tes amours vénales? Si le ciel est bleu, les campagnes riantes, l'air tiède et parfumé, tu te rappelles Florence et Raoul... Si nous sommes au bord de la mer, tu penses à William. Il me faudrait inventer une montagne et un village pour que les arbres et les maisons ne t'aient pas déjà vue. Et de quels mots me servirais-je encore pour te parler? On t'a tout dit, tu connais toutes les façons dont l'amour peut-être psalmodié, et j'ai toujours peur de répéter une phrase d'un de tes anciens amants...

Marthe pleurait sans prononcer un mot.

Son visage exprimait une douleur profonde et sincère.

Elle saisit les mains de Gaston, les couvrit de larmes et de baisers, et, se laissant tomber à ses pieds, elle s'écria :

— Pardonne-moi, cher enfant! Si tu savais comme je me sens toute autre avec toi, tu n'attacherais aucune importance à ces retours vers un passé que je renie. J'ai eu tort de dire ce que j'ai dit, mais tout cela est si loin, les sentiments que j'éprouve sont si nouveaux pour moi, que je ne puis comprendre ton irritation. Ces gens sont morts, bien morts, et tu sais bien qu'on ne songe qu'avec terreur aux cimetières... Laisse-toi aimer, ne me reproche plus les choses d'autrefois. Je suis innocente puisque je ne te connaissais pas !

XIX

Une scène d'un autre genre attendait Gaston à Cherbourg, où la Ferrani devait donner trois représentations.

Gaston sortit de l'hôtel à trois heures pour aller chercher sa maîtresse au théâtre.

La répétition venait de finir.

Il trouva Marthe entourée d'une troupe de pauvres diables, tristes et faméliques. Chapeaux défoncés, aux bords jaunâtres et luisants, bottes éculées qui semblaient n'avoir jamais connu le cirage. C'était une bande ambulante de pauvres chanteurs d'opéra-comique.

La dugazon, mademoiselle Dumercier, se drapait dans un tartan crasseux et demandait, en soupirant, des nouvelles du prince Lamphoriski, qu'elle avait connu quand elle était au Conservatoire, et qui avait oublié de lui écrire — depuis cette époque.

Marthe prit le bras de son amant.

— C'est écœurant, lui dit-elle. Si j'avais connu la situation, je ne serais pas venue ici. Enfin, j'ai signé, il faut chanter.

On avait affiché *Lucrezia Borgia*.

La recette fut de 850 fr. C'était beaucoup pour la ville, c'était peu pour la Ferrani.

Le directeur prélevait 300 fr. pour les frais et le surplus devait être partagé avec Marthe.

— 275 fr., dit celle-ci après la représentation, ce n'est pas lourd, mais je ne veux pas les perdre !

Elle pria Gaston de les réclamer au directeur, un ancien traître de mélodrame connu sous le nom de Saint-Amour Forlange.

— Ma chère amie, dit le jeune homme, je ne peux vraiment m'occuper de ces choses-là. C'est répugnant.

— C'est le premier service que je te demande, s'écria la cantatrice avec aigreur, et tu me refuses !

Gaston, se résignant, aborda M. Saint-Amour Forlange.

— Monsieur, lui dit-il, madame Ferrani désire recevoir dès à présent la part qui lui revient dans la recette de ce soir.

Saint-Amour fit un haut-le-corps.

— Mais, monsieur, je n'ai pas d'argent ici ; ma recette est consignée jusqu'à demain... Je suis honnête homme, monsieur !

La Ferrani sortit de sa loge. Elle faisait retomber sur le malheureux impresario l'irritation que lui causait le peu d'empressement du public.

— Si vous êtes honnête homme, payez-moi ! dit-elle à M. Saint-Amour.

— Soit, madame, murmura celui-ci d'un air accablé ; que monsieur ait la bonté de venir jusque chez moi et je lui remettrai votre part de la recette.

Il était minuit et demi.

Marthe revint à l'hôtel, et Gaston, humilié, mais soumis, emboîta le pas de M. Saint-Amour Forlange.

Le directeur était un vigoureux gaillard, grand, gros et bâti en pierre de taille. Une redingote noire, boutonnée jusqu'au menton, faisait ressortir la carrure de ses épaules et l'énergie de ses hanches.

Après avoir traversé de petites rues tortueuses, M. Saint-Amour Forlange s'arrêta devant la porte d'une pauvre maison et glissa un passe-partout dans la serrure.

Gaston entendit à l'intérieur des grognements qui furent bientôt suivis d'aboiements furieux.

— Je ne sortirai pas de cette maison, pensa-t-il.

Et il s'apprêta à vendre chèrement sa vie.

— Veuillez entrer, monsieur, dit Saint-Amour.

— Ouaou! ouaou! faisait le gros chien.

— La paix, Bourreau! cria Saint-Amour.

Bourreau continua de grogner sourdement.

Saint-Amour Forlange frotta une allumette et éclaira son logement.

Il ouvrit un tiroir et compta deux cents francs en soupirant.

— Il manque soixante-quinze francs, dit-il, je n'ai pas un sou de plus...

— Mon Dieu! monsieur, murmura Gaston, je suis vraiment désolé... Voulez-vous me permettre de vous prêter cette petite somme? je vais vous en donner un reçu complet.

— Non, monsieur, merci! dit Saint-Amour, je suis malheureux, mais je suis homme d'honneur. Vous ne me connaissez pas; c'est la pitié seule qui me vaut votre sympathie... Permettez-moi de refuser...

Gaston sortit le cœur serré.

— Eh bien? demanda Marthe quand il fut de retour.

— Voici votre argent, fit Gaston.

La Ferrani mit la somme dans un sac de nuit.

— Quelle canaille que tout ce monde-là! s'écria-t-elle; il ne voulait pas me payer. La Ferrani se mettre à chanter gratis dans sa baraque! Il n'y a seulement pas d'accessoires. On est allé emprunter la cuiller du troisième acte dans le café à côté, et le maître du café ne l'a laissée sortir que contre un reçu.

— Pauvre diable! soupira Gaston en songeant à l'intérieur de Saint-Amour Forlange.

— Tu le plains? dit Marthe en ricanant. Je suis sûre que c'est un *mangeur*, et pas autre chose. Si tu n'étais pas allé chez lui dès ce soir, je n'aurais jamais touché ma recette... Tu es trop fier, mon ami! Mézerille, qui est comte, s'est mis au contrôle à Troyes et à Châlons...

— Voilà un rapprochement malheureux, dit Gaston.

— Pourquoi cela?

— Ah! s'écria Gaston furieux, tu n'es qu'une cabotine et une drôlesse! Cet homme meurt de faim...

— Eh bien! nourris-le! dit la Ferrani en repoussant violemment la porte de sa chambre.

XX

Gaston se retira chez lui, car il avait pris, suivant son habitude, une chambre au troisième étage, tandis que la Ferrani demeurait au premier.

Le lendemain, à huit heures, il se rendit à la gare et prit le train de Paris.

Il n'apprit que plus tard ce qui se passa après son départ de Cherbourg.

Marthe, ne le voyant pas venir à l'heure du déjeuner, demanda s'il était sorti.

— Ce monsieur est parti ce matin, répondit le garçon.

Elle pâlit, repoussa son assiette, et, se laissant tomber dans un fauteuil, elle fondit en larmes.

Tout à coup, elle se leva, courut chez Saint-Amour Forlange et lui rendit son argent.

— J'avais promis, lui dit-elle, de chanter deux fois, et je ne puis exécuter le contrat. Voulez-vous accepter cette somme à titre de dédommagement?

Saint-Amour accepta et la Ferrani prit le train de cinq heures.

XXI

UNE SOIRÉE CHEZ SARAH VOLCAN.

Dès son arrivée à Paris, Gaston se promena, triomphant, sur le boulevard.

Enfin, il pouvait mettre les mains dans ses poches, faire aller ses bras de droite et de gauche, rentrer chez lui ou n'y pas rentrer.

Au coin de la Chaussée-d'Antin, Gaston aperçut Robert Dutaillis qui se promenait d'un air rêveur; il lui raconta son voyage à Cherbourg.

— Chacun son tour, dit Robert, tu es libre et je suis pris.

— Qui aimes-tu ?

— La petite Blanche

— Blanche Perdue?

— Oui.

— Ce n'est pas possible !

— Pourquoi? Elle a seize ans, elle est merveilleusement belle, et elle m'aime.

— Mais elle a aimé les trois clubs et les dix-sept théâtres...

— Tu as bien aimé Marthe qui a trente-cinq ans...

— Mon ami, l'âge d'une femme de cette espèce se calcule d'après le nombre de ses amants; et, à ce compte, Blanche est plus vieille que la Ferrani.

— Blanche a été calomniée ! dit Robert.

— La Ferrani bien davantage ! s'écria Gaston.

— N'en parlons plus, dit Robert, mettons qu'elles ont le même âge et causons d'autre chose.

— Que devient Ferdinand ?

— Ferdinand est à la recherche d'une brochette. Il veut aller dans le monde... J'ai passé hier la soirée avec lui chez Sarah Volcan, qui lui a promis le ruban de Saint-Olivier.

— Y avait-il beaucoup de monde?

— Quinze personnes, sept femmes : le duc de Longpont, qui fait la cour à Berthe Deverrier; le prince Lamphoriski, le chevalier Kulmahn; et comme journalistes, Albert de Labarrère, qui a pris la direction du *Courrier libéral*, et Goffin. Il y avait encore un Brésilien et deux Espagnols.

Berthe a demandé au marquis Labeco « *un petit ruban, S. V. P. !* » pour son ami Ferdinand.

Labeco a pris une note sur son calepin. C'est une affaire faite.

— De quoi a-t-on parlé ?

— De tout. Sarah a fait de l'opposition ; il va y avoir du grabuge par là-haut. Le duc lui donne des nouvelles, et elle gagne à la Bourse. C'est une puissance que cette femme-là. Elle a trois journaux et deux ambassades. Elle a fait donner une recette à de Labarthe, le joueur, qui sort de Clichy pour la troisième fois.

— O Paris ! murmura Gaston.

— C'est le cri de Rastignac, dit Robert : — et maintenant, Paris, à nous deux ! — Seulement, c'est Paris qui nous dévore, nous autres !

— A-t-on parlé de la Ferrani, dans la soirée ?

— Parbleu !

— Dans quels termes ?

— On t'a *blagué*. On t'appelait Ducantal fils. Berthe t'a défendu. Albert de Labarrère a déclaré qu'il était fâcheux de voir un homme de ta valeur engagé dans une liaison de ce genre. — Vous êtes incroyables ! s'est écrié Goffin, vous avez vécu, et vous ne voulez pas que les autres vivent! — Tous ceux qui ont passé chez la Ferrani, disait Sarah, en sont sortis avec une mauvaise réputation. — C'est qu'ils avaient cette réputation quand ils y sont entrés ! a répondu Labarrère.

Gaston souffrait vivement de ces commentaires et de ces brocards. Doué d'un amour-propre excessif, il ne pouvait tolérer la pensée que quelqu'un se fût permis de le tourner en ridicule ou de blâmer sa conduite.

— J'ai horreur de cette haute pègre! s'écria-t-il. Ducs ou marquis, ces gens qui partagent leur influence avec de vieilles courtisanes, les uns portant les autres, ne sont que des bohémiens de salon. La bohème littéraire produit encore quelque chose, un livre, un mot, c'est toujours cela; tandis que ces gentilshommes prétentieux et dégénérés ne sauraient tenir ni une plume ni une épée. Ils invoquent le nom de leurs pères, mais c'est pour le déshonorer. Ce nom est en vedette à la glace des filles galantes. Qu'on fasse le tour des boudoirs de Paris, et qu'on ramasse les cartes de visite armoriées qui s'y trouvent, on verra quel est le champ de bataille de ces drôles qui descendent de leurs aïeux par les escaliers de service.

— Nous n'avons qu'à rester chez nous, dit Robert Dutaillis, et à les laisser chez eux. Leur nom est à la glace, parce qu'ils l'ont payée. N'est-ce pas nous qui chassons sur leurs terres? Ils sont bien libres de vivre à leur guise, et ce n'est qu'un sentiment de jalousie qui te porte à des récriminations si violentes.

— J'en tuerai un ! fit Gaston.

— Pourquoi? parce qu'étant sans fortune, tu as été poussé par le hasard dans le bataillon des riches? Si chacun d'eux n'est pas le fils de ses œuvres, nous lui trouverons, en remontant les âges, un père qui a fait le nom et la fortune. Sois le père de ta race. Il n'y a pas de génie incompris. La politique, la science, les arts, tu n'as qu'à choisir. Et si tu n'es capable de rien de bon, de nouveau, de complet, ne te plains pas, tu es encore trop heureux.

XXII

Gaston laissa le bras de Robert et rentra chez lui.
Il referma brusquement la porte de son appartement.

— C'est fini ! s'écria-t-il en s'adressant aux meubles et aux murailles, vous ne la verrez plus ! Je vous reviens libre et insouciant. L'homme n'est fort que quand il est lui-même. La maîtresse est un boulet. Les forçats de l'amour sont des condamnés volontaires. Je vais dormir ; je pourrai me lever sans consulter l'aiguille de la pendule pour voir s'il est trop tôt ou s'il est temps. Cet encrier, vide aujourd'hui, sera rempli demain. Mon cœur n'est-il pas dans le même état que ce godet de porcelaine ? L'encre, ce sang noir de la pensée, s'est desséchée sous l'action de l'air. Ces petites cristallisations ressemblent à des larmes congelées, et ces déchirures de la croûte endormie reflètent mon âme comme un sombre miroir. Il y a là des écailles brillantes; la surface est polie, et si l'on y passe le doigt, tout s'envole en une infecte et noire poussière.

Gaston monta sur une chaise et décrocha le portrait de Marthe Ferrani.

— Va-t'en, menteuse ! dit-il avec colère, va rejoindre, au fond de la vieille armoire, les vêtements que je ne porte plus et les bottines éculées. Va, jusqu'à ce que passe un marchand d'habits qui t'emportera, par-dessus le marché, avec toute la défroque !

La pendule sonna deux heures.

— Que fait-elle maintenant ? reprit Gaston ; elle est là-bas ; elle a chanté ce soir. Peut-être un officier de marine, en quête de bonne fortune, lui a-t-il offert son bras pour la reconduire à l'hôtel ? Elle est capable de l'avoir accepté. Marthe est femme à se donner au premier venu par vengeance... Comme c'est heureux pour moi de l'avoir accompagnée là-bas !

Il passa la main sur ses yeux brûlants.

— Elle avait du bon, au fond, cette pauvre Marthe ! elle m'aimait. Seulement, je ne pouvais accepter cette situation douloureuse. Pressé entre les amants d'hier et les amoureux de demain, je devenais fou...

Elle est charmante encore... Elle a quatre ou cinq ans à briller... Oui, elle a bien cela... Un autre aura la clef de la petite porte de la rue du Cirque ; un autre ôtera ses souliers pour passer sans bruit devant la porte de Madeleine...

Chère petite Madeleine ! Si ce nouvel amant n'avait pas pour sa virginité ce respect qui lui est dû doublement, à elle, qui est restée pure dans ce bourbier?... Ce serait horrible ! je le tuerais !

Gaston resta plongé en d'amères réflexions ; puis, reprenant son monologue :

— Non, dit-il, Madeleine porte fièrement sa vertu déclassée. Personne n'osera s'y risquer !... L'homme passera devant sa porte ; il ira jusqu'au fond du corridor ; là, tournant le bouton de cristal, il entrera dans la chambre de Marthe...

Marthe, se soulevant à demi, dira :

— C'est toi? comme tu viens tard ! Où donc es-tu allé, ce soir?

Gaston revit alors avec une lumineuse exactitude la chambre de sa maîtresse, les rideaux bleus et les dentelles, le prie-Dieu d'ébène et de velours, et les amours en porcelaine...

La veilleuse jetait un doux rayon dans la chevelure

dénouée... L'épaule se détachait sur l'oreiller de dentelle...

Un parfum d'ambre et de verveine emplissait l'appartement...

Tout parlait aux sens, et Vénus Aphrodite aurait dit :

— C'est là !

Gaston se leva, les dents serrées.

Les traits de son visage exprimaient la douleur et le regret.

— Où es-tu ! s'écria-t-il, où es-tu, Marthe, ma maîtresse ? J'ai eu tort !

Il fallait te prendre comme tu es ! Pardon, Marthe ! reviens ! reviens !

— Me voici ! cria une voix bien connue.

Gaston laissa échapper du fond de sa poitrine un cri de résurrection.

Il courut à la porte...

Marthe, fondant en larmes et riant comme une folle au milieu de ses sanglots, lui sauta au cou, le pressant, le regardant, l'embrassant encore...

— Ah ! cela n'a pas été long ! lui dit-elle, je suis partie tout de suite après toi... Me voilà... Rien ne pourra nous séparer maintenant !

XXIII

Marthe résolut de ne passer qu'une semaine à Paris.

Le docteur Dumay lui ordonna je ne sais quelles eaux des Pyrénées.

Il fut convenu que Gaston serait du voyage. Pas de théâtre, cette fois.

— Tu aimes la femme et non l'actrice, tu n'auras plus que la femme, dit Marthe.

La veille du départ, Gaston se rendit, dans la journée, chez sa maîtresse, un peu avant l'heure accoutumée.

Il ne sonnait jamais ; il avait, nous l'avons dit, une clef de l'appartement, et il y entrait comme chez lui.

En approchant de la chambre de Marthe, il entendit un dialogue assez animé.

Gaston s'arrêta, le cœur serré, et écouta...

— Je te dis que j'en ai assez! disait Marthe ; c'est toujours à recommencer... tu me prends pour une poule aux œufs d'or ! J'ai fait pour toi tout ce que je pouvais faire.

— Voyons, reprenait l'autre voix, une voix avinée, ignoble, laisse-toi aller encore une fois... l'argent vous coûte si peu, *à vous autres...*

— Je t'ai donné mille francs la première fois...

— Cinq cents la seconde, dit l'homme d'un ton de reproche, et une centaine de francs au mois de janvier.

— J'avais défendu qu'on te laissât entrer.

— Moi? un vieux camarade, un homme que tu as aimé ; car tu m'as aimé, j'en ai les preuves!

— Il y a quinze ans de cela! dit Marthe ; tu as trop de mémoire ; j'ai oublié, moi !

— J'étais ton petit Carraro, à cette époque, continua l'homme ; je t'appelais mon alouette, et tu ne me regardais pas avec cet air de mépris... Je n'ai presque plus de voix, mais je puis encore *aller*, je puis *faire l'affaire* en province, et si je ne trouve pas d'engagement, c'est à cause de mon zézaiement... je chante *zeu*, je dis : « *Zardins de l'Alcachar* » parce qu'il me manque une dent de devant. Donne-moi seulement vingt francs pour me faire poser une dent, vingt autres francs pour l'essayer sur un bifteck, et je te tiens quitte, là !

— Tiens ! dit la Ferrani, et va-t'en !

Gaston, chancelant, suffoqué par le dégoût, s'enfuit dans la salle à manger, tandis que l'ex-baryton Carraro s'en allait en disant :

— Comme c'est meublé, chez toi !... Tu ne veux pas m'embrasser ? Allons, tant pis ! merci tout de même !

Dans la salle à manger, debout auprès de la fenêtre, Madeleine, en robe grise, les bras nus et le col à l'air, s'amusait à ranger symétriquement des fruits dans une corbeille.

Elle casait dans la mousse les mandarines et les cerises, réservant un ananas pour couronner son édifice.

— Maman est dans le boudoir, dit-elle à Gaston.

— Je sais, murmura le jeune homme.

— Eh bien ! allez-y, fit Madeleine.

— Qu'est-ce que cela vous fait que je reste ici, mademoiselle ?

— Restez si vous voulez.

7

Gaston contempla cette enfant, calme, douce et triste.

Il régnait sur sa physionomie une gravité simple et ineffable qui était comme le sentiment d'une tache originelle.

On devinait en elle une âme possédée d'un vague besoin de mélancolie. Sa beauté paraissait chastement voilée par une candide ignorance d'elle-même. A peine, de temps en temps, lui échappait-il une parole, un mot qui décelât en elle une certaine connaissance des hontes qu'elle avait coudoyées.

— Avez-vous acheté des fleurs, ce matin ? demanda Gaston.

— Oui, les voici, elles sont rangées.

— Voulez-vous m'en donner une ?

— Prenez-la.

— Non, fit Gaston d'une voix presque suppliante, donnez-la moi.

Madeleine prit une rose blanche et la lui offrit.

— Merci, dit Gaston, en lui prenant la main.

Madeleine retira brusquement cette main tremblante, et continua de disposer ses chapelets de cerises.

La Ferrani ne parla pas à Gaston de la visite de Carraro.

Le soir, le jeune homme prétexta d'une forte migraine pour se retirer de bonne heure dans son nid de la rue de Provence.

Il plaça la rose blanche à côté de son oreiller, et il s'endormit en songeant à Madeleine.

Ainsi, dans les chaudes soirées d'été, quand le soleil a disparu à l'horizon, le rêveur qui s'est couché dans l'herbe odorante retrouve encore la tiédeur des rayons évanouis...

Trois jours après, Marthe et Gaston arrivèrent à Pau.

XXIV

LA VIE A CRÉDIT

Nous devons profiter de ce répit pour raconter brièvement au lecteur les amours de deux personnages qui ne lui sont pas tout à fait inconnus : nous avons nommé Robert Dutaillis et Blanche Perdue, dont l'histoire, comme on le verra bientôt, se relie intimement à celle de la Ferrani.

Tout Paris a connu Robert Dutaillis, — l'insouciance et la gaieté, l'abandon et le laisser-aller — faits homme.

Robert avait trente ans.

Au physique, c'était *une tête* ; au moral, c'était *une âme*.

Robert avait *vécu*. Deux cent mille francs jetés, en quatre années, par toutes les fenêtres de la vie, avaient fait de lui une statuette parisienne.

Deux cent mille francs, c'est la différence d'une nuit pour les habitués de certains cercles; mais deux cent mille francs *dispensés* avec art peuvent encore ne pas passer inaperçus dans cet entonnoir à richesses qu'on appelle Paris.

A peu près abandonné par sa famille, qu'il avait lassée, Robert trouva des ressources innombrables dans la complaisance des fournisseurs parisiens.

D'un autre côté, servi par une intelligence pleine d'industrie, il inonda les journaux d'articles et de nouvelles publiés sous des pseudonymes.

Il lança deux ou trois affaires et trouva toujours des truffes dans ce champ de pommes de terre qu'on appelle le travail.

Grand, vigoureux, élégant, montant bien, tirant admirablement l'épée et le pistolet, Robert était accepté avec une certaine faveur dans le vrai monde et recherché dans le monde intermédiaire.

Robert avait été élevé à Tours, avec le duc de Longpont, par un précepteur commun, l'abbé Saint-Lézin.

Robert avait retrouvé le duc à Paris, et cette amitié d'enfance lui avait valu de hautes relations.

Une scène originale se passait, un matin, chez Robert Dutaillis.

Deux hommes attendaient qu'il fût levé pour les recevoir.

L'un, irréprochablement vêtu, avait déposé sur une chaise, dans l'antichambre, un paquet renfermant deux costumes d'été.

L'autre, lourd, la moustache épaisse et taillée en brosse, vêtu d'un paletot marron boutonné jusqu'au col, tenait à la main une paire de bottes.

Il était dix heures.

Robert s'habillait.

Le bottier, fatigué d'un silence prolongé, adressa le premier la parole au tailleur avec un accent germanique prononcé.

— Il est long, monsieur Robert! dit-il.

— C'est que nous sommes venus de bonne heure, répondit le tailleur.

— Vous lui apportez un costume? demanda le bottier.

— Un costume de ville et un costume de voyage, dit le tailleur.

— Est-ce qu'il va partir? fit le bottier avec inquiétude.

— Mais oui, ce soir ou demain matin.

Le bottier fit quelques pas en ayant l'air de méditer.

— Est-ce qu'il vous a payé? demanda-t-il enfin.

Le tailleur prit un air hautain.

— Que vous importe, monsieur ?

— Il m'importe beaucoup, fit le bottier.

— Monsieur, continua le tailleur, je ne fais jamais d'affaires au comptant, cela me répugne...

— *Gott !* murmura le marchand de cuir.

— Nous sommes habitués à d'autres façons. Ce que nous recherchons chez un client, c'est l'élégance native bien plus que l'exactitude dans le payement. Un pantalon porté avec esprit nous dédommage de trois pantalons impayés.

Le bottier grommela d'un ton larmoyant :

— Monsieur Robert me doit beaucoup d'argent!

Le tailleur haussa les épaules.

— Monsieur Robert, dit-il, appartient à une famille riche ; il est distingué, il a de belles connaissances ; que voulez-vous de plus ? Quand un client a du chic, nous sommes payés.

— Il m'a fait revenir quinze fois, dit le bottier.

— Et vous osez vous présenter encore chez lui!

— Parbleu !

Le tailleur parut indigné.

— A sa place, s'écria-t-il, je ne vous payerais jamais!... Votre insistance est d'un goût déplorable!

Le bottier se récria vivement.

— Comment, déplorable ? J'entends qu'on me paye !

— Monsieur ! fit le tailleur avec dignité, je vous prie de vous taire. Vous insultez un de mes clients et je ne le souffrirai pas.

— Chacun son goût, dit le bottier, mon caractère est d'être payé...

Le tailleur se dressa de toute sa hauteur.

— Pas un mot de plus, monsieur, ou je prendrai la longueur de votre épée !

— Mon épée ? cria le bottier, mais je n'ai pas d'épée, c'est de l'argent que je veux, entendez-vous ?

Le tailleur parut faire de violents efforts pour se contenir.

— Misérable ! dit-il, et, s'avançant vers le piteux Allemand :

— Qu'est-ce qu'on vous doit ? demanda-t-il.

— Trois cent soixante et dix francs, répondit l'enfant de la Germanie.

Le tailleur ouvrit son porte-monnaie.

— Les voici, monsieur.

Le bottier, stupéfait, prit la somme qui lui était offerte.

— Et maintenant, sortez ! dit le tailleur avec dignité.

Le bottier laissa sa quittance et sortit en saluant jusqu'à terre.

XXV

Toute la philosophie du crédit parisien se trouve résumée dans la scène que nous venons de rapporter.

Un individu de bonne mine, ayant un domicile sérieux et connaissant deux cents personnes sur le boulevard, vivra deux ou trois ans à Paris sur la confiance publique.

Robert Dutaillis était un peu cousin de ce la Palférine, qui portait d'*argent à la croix fleurdelisée d'azur sommé d'une couronne de comte et deux paysans pour supports*, avec IN HOC SIGNO VINCIMUS ! pour devise.

Quand on lui demandait : Que fais-tu ? Robert répondait : J'attends les événements.

Observateur de naissance, journaliste, — faute de mieux, — propre à tout, à l'administration, à la politique, à la diplomatie, Robert gaspillait, en esprit de salon et en bons mots de café, les forces vives dont la nature l'avait doué.

Napoléon savait utiliser ces sublimes paresseux qui attendent, pour être de fanatiques ouvriers, une tâche digne de la valeur qu'ils se connaissent.

Mais, à l'époque dont nous parlons, on les éloignait avec soin des affaires.

Il leur fallait trouver, dans la pratique de la vie parisienne, les occasions de dépenser l'activité, l'énergie, les besoins de vivre qui fermentaient en eux.

XXVI

Robert avait remarqué plusieurs fois dans un théâtre du boulevard — que nous appellerons le théâtre des Nouveautés — une toute petite fille qui remplissait des bouts de rôle avec beaucoup de grâce et d'intelligence.

Cette petite fille se nommait Blanche Perdue.

Jamais plus adorable créature ne fut jetée demi-nue devant la rampe d'une scène parisienne.

Tout en elle était éclatant : jeunesse, blancheur, regard, sourire; et, à cause de la perfection même de sa beauté, on la regardait avec plus d'admiration que de désir.

Robert, invité à une soirée d'intimes par une septième danseuse de l'Opéra, se rendit de bonne heure dans la maison, sachant qu'il y trouverait Blanche.

Avec cet instinct qui nous trompe rarement, Robert s'était dit, la première fois qu'il avait aperçu la jeune actrice :

— Voilà une petite fille qui viendra tomber dans ma vie.

L'occasion ne se fit pas attendre.

Dès que Robert fut entré dans le salon de la danseuse, Blanche se leva et vint le regarder sous le nez; après quoi, elle fit deux fois le tour du jeune homme et s'en alla demander tout bas à l'une des femmes qu'il avait saluées :

— Qui est ce monsieur-là ?

Il paraît que les renseignements qu'on lui donna ne furent pas défavorables, car Blanche revint se placer devant Robert et lui dit d'un ton aimable :

— Bonsoir, monsieur !

— On vous a donc appris qui je suis? demanda Robert en souriant.

— Oh! fit Blanche, je vous connais bien maintenant... Vous n'auriez pas votre photographie sur vous ?

— Ma foi, non.

— Je veux l'avoir. Il faudra me l'apporter demain, 45, rue Drouot.

— A quelle heure ?

— A midi. Nous déjeunerons.

— C'est convenu, mademoiselle.

Blanche fit une révérence, et, prenant le bras de Robert :

— Est-ce que vous me méprisez, vous ? demanda-t-elle.

— Vous mépriser ! pourquoi donc cela ?

— Oh ! on a dit sur moi tant de choses qui ne sont pas vraies...

— Je n'ai jamais rien entendu dire, s'écria Robert, qui en savait plus long que Blanche elle-même

— Alors, vous viendrez ?

— Je vous le promets.

— C'est que, ajouta Blanche, si vous ne venez pas, je pleurerai.

— Vous faire pleurer ? Jamais !

Le lendemain, Robert alla déjeuner chez Blanche. Il en sortit huit jours après.

XXVII

Jean-Antoine Perdue, ouvrier cantonnier, avait épousé une servante du château de Peyrade, à Beaugency.

Cette servante se nommait Anne Berthaut.

On disait bien, dans les environs, qu'elle était enceinte des œuvres de M. de Peyrade, mais comme elle avait six cents francs de dot, Jean Perdue ne prit point garde aux mauvais propos.

Quand Anne Berthaut fut devenue mère, on lui chercha un nourrisson ; mais personne dans le pays ne voulut lui confier son enfant à nourrir parce qu'elle avait une détestable réputation.

Elle dut se décider à faire le voyage de Paris, ce qui, du reste, devait être plus lucratif pour elle, et, deux jours après son arrivée, elle entra comme nourrice chez madame Ferrani.

Anne Berthaut passa dix-huit mois dans la maison.

Pendant les huit premiers jours, le luxe de cet intérieur la frappa si vivement qu'elle n'osait pas remuer. Le château de M. de Peyrade n'était plus qu'un grenier comparé aux appartements somptueux de la cantatrice.

La valetaille eut bientôt appris à la femme de Jean Perdue l'origine de cette richesse.

— Est-il Dieu possible! s'écriait la jeune paysanne.

Et, regardant sa petite-fille avec anxiété, elle ajoutait :

— Si elle avait de la voix, tout de même, je lui ferais bien apprendre à chanter...

Madame Ferrani faisait de nombreux cadeaux à la nourrice : et quand Anne Berthaut revint à Beaugency, elle était entièrement transformée.

Plusieurs objets avaient été dérobés chez la chanteuse; une montre émail avec chiffre de perles fines, un cachemire, deux bagues, une chaîne et beaucoup de lingerie.

La Ferrani, croyant les objets égarés, les avait rélamés une fois, deux fois, et s'était occupée d'autre hose.

Anne Berthaut, à son retour au pays, fit étalage 'un luxe insolent. Chemises de batiste, guimpes et manches garnies de point d'Angleterre, boucles d'oreilles en diamant, — elle était éblouissante.

Jean Perdue résolut de ne plus casser les pierres sur la grand'route. Sa femme lui parlait de Paris et toujours de Paris, — si bien qu'elle le décida bientôt à quitter Beaugency.

XXVIII

Un soir, Blanche raconta elle-même son histoire à Robert Dutaillis.

« Nous demeurions rue Saint-Jacques, lui dit-elle, au quatrième au fond d'une cour. La mère faisait de la lingerie et le père était contre-maître chez un entrepreneur de bâtisses.

Le père me battait souvent et la mère lui disait : Ne la frappe pas à la figure, ça nous l'abîmerait *pour plus tard !*

J'allais jouer sur les quais avec les petites filles et les petits garçons du quartier.

L'un des beaux jours de ma vie fut celui où je trouvai une pièce de dix sous dans le ruisseau.

Il fallut la disputer et la payer chèrement. Tous les petits drôles voulaient me l'arracher. Je reçus des coups de pieds, des soufflets. On me tirait par ma robe et par mon tablier bleu. Enfin, l'œil en compote et la robe déchirée, je parvins à m'échapper avec mes dix sous.

Je me régalai de pain d'épices et de coco en compagnie d'une petite camarade qui est maintenant aux Folies-Dramatiques.

Mais le soir, quand je revins en guenilles à la maison, quelle volée m'attendait ! C'est à qui frapperait le plus fort du père ou de la mère. C'est un revers de main de mon père qui m'a cassé une dent à gauche... là... tiens... tu peux voir !

Robert regarda avec intérêt la dent cassée dans la petite bouche rose où la jeune fille avait plongé un doigt.

A dix ans, continua Blanche Perdue, je savais tout ce qu'une femme peut savoir. J'avais vu ma mère monter en voiture avec l'épicier du coin qui l'embrassait souvent devant moi ; et un médecin qui demeurait au second étage de la maison me raconta de singulières choses en me donnant des gâteaux et des pastilles au citron.

Il paraît que j'étais déjà fort jolie, car les passants se retournaient dans la rue pour me regarder.

J'entendais dire : Quels beaux yeux ! quelle fraîcheur ! l'admirable chevelure ! Et comme elle a de petits pieds et de petites mains... — Comment t'appelles-tu, ma petite ? — Blanche, monsieur. — Tiens, voilà un sou.

Et je me sentais toute fière de ces compliments.

La mère Perdue me disait toujours que je serais *actrice*. Elle m'amena plusieurs fois au théâtre de Vaugirard où elle connaissait *quelqu'un*...

J'ai commencé à douze ans à y jouer des rôles d'enfant. A quatorze ans, j'étais engagée avec cinquante francs par mois d'appointements.

Tous les soirs, à minuit, je revenais *seule* de Vaugirard à la rue Saint-Jacques, et Dieu sait si j'avais peur dans ces rues noires et désertes.

Quelquefois je fus accostée par des étudiants, par des ouvriers... Un monsieur, me prit un soir par le bras et voulut me forcer à le suivre.

Je poussai des cris affreux qui attirèrent des gens aux fenêtres... L'homme eut peur et je pus m'enfuir.

Un jour, je trouvai à ma mère quelque chose d'inaccoutumé dans les manières et dans la physionomie. Elle me traita avec une certaine bonté ; elle riait beaucoup en causant avec moi.

Il y avait sur la table une soupe grasse, un gigot, des fraises, — et du vin cacheté.

— Ah! mon Dieu! m'écriai-je, d'où vient donc ce bon dîner?

— C'est ce monsieur, répondit-elle, avec qui j'ai causé hier matin, au moment où tu es sortie, qui nous a donné tout cela...

Il y avait de l'argent dans le tiroir de la commode, — et sur le lit une robe en mérinos bleu, un joli châle à fleurs et un petit chapeau de paille avec des rubans roses.

— Fais-toi belle, ma petite, tu ne joues pas ce soir, je t'emmènerai promener...

O la jolie toilette, et comme je me trouvais belle! Je ne pouvais me lasser de me contempler dans le miroir qui était accroché à côté de la fenêtre.

Après dîner, ma mère me dit : Allons, voici l'heure de sortir.

Quel ne fut pas mon étonnement de la voir arrêter une voiture! Elle ouvrit la portière et me fit asseoir à côté d'elle.

La voiture traversa le pont Neuf, suivit les quais et ne s'arrêta qu'au boulevard des Italiens, où nous descendîmes.

Là, nous prîmes la rue de Choiseul jusqu'à la rue Neuve-des-Petits-Champs.

Ma mère s'arrêta devant une maison et sonna.

Au-dessus de la porte il y avait écrit :

HOTEL MEUBLÉ

Je ne sais pourquoi, car je ne me doutais de rien encore, mon cœur se prit à battre violemment.

Ma mère me fit monter jusqu'au deuxième étage.

Elle poussa une porte entrebâillée et dit : C'est nous, monsieur.

Je reconnus l'homme qui causait avec elle, la veille au matin, sur notre palier.

— Laissez-nous, dit-il à ma mère.

Et elle nous laissa !

O l'horrible existence que celle qu'il me fallut mener à partir de ce moment !

Un jour ma mère me disait :

— Blanche, il faut deux cents francs demain.

Et, si je n'apportais pas les deux cents francs, j'étais rouée de coups.

Quelquefois j'étais obligée de rentrer sans argent à la maison ; il me prenait alors un tremblement nerveux dès que je tournais le coin de la rue. Je m'asseyais sur une marche de l'escalier, je n'osais pas monter... Enfin, je me décidais à tourner le loquet.

— Qu'est-ce que tu apportes ? demandait-on.

8

— Rien, ce soir, répondais-je en pleurant.

— Ah ! gueuse ! coquine ! misérable !

Mon père était toujours ivre. Il m'assommait.

— Chante, *pour voir !* me disait quelquefois ma mère.

Alors, de ma petite voix maigre et chevrotante, de ma voix d'enfant mal nourri, j'essayais un refrain...

— Pas de voix ! s'écriait ma mère, elle nous a trompés !

Et c'étaient encore des coups !

J'entrai enfin au théâtre des Nouveautés. Là, le libertinage était pris gaiement, et j'appris à m'amuser de ce qui m'avait fait pleurer jusqu'alors.

Ma mère ne me quittait pas d'une semelle.

— La petite n'aurait qu'à *aimer quelqu'un*, disait-elle, qu'est-ce que nous deviendrions, mon Dieu !

Ce fut ma vengeance d'aimer quelqu'un de temps en temps.

Enfin, il se trouva un jeune homme, le comte Ferwen, qui me donna un appartement, une voiture, des bijoux.

La vie s'ouvrait pour moi... "

XXIX

Robert occupait, rue de Navarin, au rez-de-chaussée, un petit appartement composé de trois pièces — et d'un jardin. Le jardin devait faire excuser l'exiguïté de la chambre et du salon.

Dix mètres carrés, un gazon, une tonnelle, un tilleul et quelques lilas, c'était tout.

Ce jardin avait donné lieu à bien des lazzis.

— Qu'est-ce que ce tertre gazonné? demanda un jour Ernest Reyer à Robert Dutaillis; c'est pour enterrer ton chien?

Une autre fois, Ferdinand Goffin déclara que le jardin de Robert était fait pour dégoûter de la campagne.

— Vous êtes bien difficiles, répondit Robert, un jardin à huit places !

— Il faut ouvrir la porte de la chambre pour donner de l'air au tilleul, dit Arnold Scheffer.

Un jour, il vint un papillon dans le jardin de Robert, qui appela les voisins pour leur montrer triomphalement l'insecte égaré.

Ce papillon fit beaucoup de bruit dans le quartier.

Blanche prit ce petit coin en affection. Elle n'en sortait plus.

— Ah! ça, lui demanda un jour Robert, tu *n'avais donc personne* quand nous nous sommes rencontrés?

— J'avais M. Duhamel, répondit Blanche.

— Qu'est-ce que c'est que M. Duhamel ?

— C'est un marchand de nouveautés qui me donnait 4,000 fr. par mois.

— L'aimais-tu ?

— Non... mais j'aimais à lui faire porter des paquets. Il faut te dire qu'il était très-bon pour moi, et je m'amusais à le faire souffrir. Je ne voulais rien prendre qu'il ne l'eût acheté lui-même : sucre, thé, café, fruit secs, macarons, biscuits, tout ! Quand il arrivait avec tous ces paquets, je le guettais de ma fenêtre et je riais comme une folle de lui voir un air vexé !

— Et qu'est-il devenu, monsieur Duhamel?

— Je ne sais pas. Il est allé souvent à la maison, mais j'étais ici. Alors il m'a écrit une lettre dans laquelle il me déclare que je ne le verrai plus... c'est ce que je voulais.

— Ma chère petite, dit Robert, j'ai, pour vivre, 15 à 1,800 fr. par mois, c'est tout ce que je puis t'offrir.

— Oh! je ne veux rien de toi, s'écria Blanche; nous irons comme cela tant que nous pourrons.

— Et après?

Blanche ne répondit pas.

— Il y a à Paris, reprit Robert, deux espèces de gens : les gens qui pensent et les gens qui dépensent. Si je t'avais rencontrée il y a deux ans, j'aurais pu te faire très-heureuse en t'associant à ma vie, mais aujourd'hui que tu as mis le pied dans le monde des cabinets particuliers, aujourd'hui que tu es classée parmi les filles à la mode, je ne puis te rendre qu'un service, c'est de t'embrasser sur les deux joues en te disant : Adieu !

— C'est impossible! s'écria Blanche, tu m'as fait comprendre l'abjection de la vie que j'ai menée jusqu'à présent, je ne veux pas recommencer.

— Crois-tu donc, dit Robert, qu'on te saura quelque gré d'avoir pour amant un homme qui ne te paye pas? Il n'y a pas de degrés dans l'honnêteté, ma pauvre enfant. C'est tout l'un ou tout l'autre. Tes pareilles riront de toi, et tes anciens compagnons, ceux qui passent leur cravate dans des petits anneaux de forçat, hausseront les épaules sur ton passage.

— Qu'est-ce que cela me fait? fit Blanche, je suis heureuse avec toi, ne me renvoie pas !

Ce soi-disant bonheur dura deux mois.

Robert apercevait de temps en temps, chez sa maîtresse, une feuille de papier timbré ou une reconnaissance du mont-de-piété.

La mère Perdue venait faire des scènes à sa fille qui s'enfuyait, les yeux rouges, vers la rue de Navarin.

La triste prévision d'Anne Berthaut s'était réalisée: Blanche aimait quelqu'un.

Anne tremblait surtout pour sa pension : 200 fr. par mois qu'elle voulait toucher très-régulièrement. S'il y avait un seul jour de retard, Anne Berthaut poussait des cris déchirants ; elle se trouvait mal dans l'antichambre, puis elle descendait l'escalier en sanglotant et passait la journée chez le concierge, se tamponnant les yeux avec son mouchoir, accusant la société en général et Robert en particulier.

Anne Berthaut faisait des raccommodages pour le portier, qui écrivit un soir à Blanche le billet suivant :

« Mademoiselle, veuillez me régler votre note de 43 francs afin que je puisse payer votre mère. »

Et il fallait voir la population de créanciers qui se pressait chez la jeune actrice. Ce n'étaient point des créanciers ordinaires, c'étaient les usuriers du meuble, de la bijouterie et de la dentelle.

Ces fournisseurs du monde interlope arrivaient par deux, mari et femme, s'installaient dans la salle à manger, et, se regardant comme chez eux au milieu des objets qu'ils avaient fournis, ils ne démarraient plus.

A chaque visiteur qui demandait mademoiselle Blanche Perdue, tous les couples se levaient, facture en main, se demandant si c'était là le bienfaiteur attendu.

L'intérieur de la petite Blanche représentait — meubles, tapis et tentures — une valeur réelle de 30,000 fr. et les factures montaient à plus de 100,000 fr.

Voilà ce que coûte le crédit dans ce monde-là.

Ces trognes de voleurs et de proxénètes se glissaient chez Blanche à midi et n'en sortaient qu'à six heures du soir.

La pauvre petite se démenait comme un beau diable, demandait du temps, menaçait de s'en aller en Russie si on ne la laissait pas tranquille.

La lingère, madame Cornemulle, lui dit un jour :

— Hé ! madame ! quand on a votre figure et qu'on ne paye pas ses dettes, c'est qu'on y met de la mauvaise volonté !

Une tireuse de cartes, la mère Saladin, jouait un rôle important dans la vie de Blanche Perdue.

Blanche se faisait tirer les cartes deux ou trois fois par jour.

« Un homme brun, une lettre, jalousie d'un homme blond, propos de femmes, grande brouille, argent, beaucoup d'argent? »

Si, par hasard, les cartes n'étaient pas brillantes, la mère Saladin recevait des injures et des coups de pied.

Elle s'enfuyait alors dans la cuisine, sachant bien qu'on la rappellerait avant une demi-heure.

En dehors de sa profession de sorcière, la mère Saladin se chargeait de faire les engagements au mont-de-piété.

Robert souffrait de voir cette adorable petite Blanche en butte aux injures de cette nuée d'oiseaux de proie.

Un huissier, un huissier patenté la traita de voleuse, la menaça de la faire mettre en prison.

Cet officier ministériel criait devant les domestiques :

— Ah bien! si j'étais tourné comme cette fillette-là, ça ne serait pas long de régler mes affaires!

Et Blanche pleurait.

XXX

Ferdinand Goffin tenta d'arracher Robert à cette liaison.

—Nous n'avons pas le droit, lui dit-il, de nous mettre en travers de ces existences comme un bouchon dans le goulot d'une bouteille. Il faut que la vie de ces filles-là suive son cours. Prendre leur temps sans aider à leur fortune, c'est presque un vol. Que vas-tu faire de Blanche? La prendre avec toi? Au bout de trois mois, elle aurait par-dessus la tête de tes soupers à la charcuterie.

Je l'ai vue, petite fille, à Vaugirard. Elle passait les soirées à jouer au bezigue ou au piquet avec des cabotins en casquette au café du Théâtre. Elle était déjà galvaudée. Ils en avaient tous un peu tâté. Le second comique, une espèce d'avorton — que je vois encore les deux mains dans ses poches et son brûle-gueule à la bouche — le second comique a été son premier amour... Aux Nouveautés, il y avait comme un écriteau : Parlez à la mère ! A combien de gens qu'elle avait remarqués au bois a-t-elle écrit ces mots : « Monsieur, pouvez-vous venir prendre ce soir une tasse de thé ? Je vous attends à minuit ! » Tu me diras que cette enfant, jetée à douze ans au cœur de la pourriture de Paris, ne peut avoir la responsabilité de ses actes. Soit ! Mais, responsable ou non, tu en feras difficilement un ange.

Observe-la bien, cette souriante fille, si jeune, si éclatante, si vive. Elle a l'air d'une petite sainte avec ses grands yeux noirs pleins d'étonnements et de naïvetés, des yeux de douze ans, des yeux de première communion ! Mais elle a dans la prunelle je ne sais quoi de fou et d'hystérique.

Elle ne vit que par la chair et pour la chair.

Plaisir d'amour — à donner ou à recevoir — tout est là pour elle. On l'a élevée comme cela ! Elle est vicieuse des pieds à la tête et de la tête au cœur. Quand un jeune homme lui plaît, elle le mange du regard. Il y a en elle un instinct de bestialité...

Elle contemple l'homme comme un chien contemple l'os d'une côtelette.

Le chien est en arrêt, l'œil fixe, les oreilles ramenées. Il est tout convoitise.

Telle est ta Vénus de dix-huit ans. Il n'y a que les appétits qui diffèrent.

Je l'ai vue, un soir, dans une loge, à la Gaîté, une de ces petites loges mystérieuses et recherchées des lorettes qui se partagent entre les comédiens et le public de l'orchestre, une de ces loges où ces dames se cachent pour être en vue.

Blanche était là en compagnie de je ne sais quel Prussien, un homme à millions, laid, petit, chauve, ressemblant assez à un recors habillé en homme du monde.

Eh bien! Blanche avait pour lui les sourires ineffables qu'elle te prodigue, les mêmes, entends-tu? Elle appuyait son coude sur le genou du monsieur, elle lui parlait à l'oreille avec un abandon plein de grâce. On aurait cru voir deux fiancés en pleine lune de miel....

Et, de mon fauteuil, je contemplais ce manége. Elle avait dit le matin au petit Georges de Beryls : « Je t'adore, je n'aimerai jamais que toi! » et elle disait au Prussien : « M. de Beryls, qu'est-ce que c'est que ça, M. de Beryls? connais pas! »

Si le Prussien avait demandé sa note, voici le détail qu'on lui aurait remis ce soir-là :

Un sourire	100 fr.
Un *idem* très-gracieux . . .	150
Un petit coup de coude sur le genou.	75
Un mot derrière l'éventail. . .	80
Le bras passé un instant autour de la taille	300

Et cœtera, et cœtera !...

Vois ce que peut donner en huit jours une note de ce genre et suis le conseil de ton ami :

Pars ! pars — et ne mets pas de larmes dans ta malle !

— Que tu connais peu ma petite Blanche ! dit Robert, il a suffi de quelques jours pour ouvrir un nouvel horizon à cette nature intelligente et créée pour le bien.

Le soir, alors que dans certains cafés du boulevard des tables sont servies de truffes et de champagne, et que les convives la demandent et la regrettent, elle remonte à mon bras le faubourg Montmartre et elle vient souper avec moi d'un pâté de gibier et d'un panier de fraises.

Elle est rieuse, elle danse, elle me saute au cou. Elle m'appelle « *Madame* » comme si j'étais une de ses amies. Sa grande distraction est de faire un piquet. C'est elle qui, en rentrant, prend un cigare dans la coupe et me l'offre tout allumé...

Si je pense aux tracas qui l'attendent le lendemain chez elle et que cette idée m'assombrisse, elle se met à quatre pattes, elle fait semblant de grogner ; et, de sa petite voix claire et pure, elle se met à aboyer pour me faire rire. Elle prend le pan de ma redingote avec ses quenottes blanches, et elle me tire à elle comme fait un king-charles ou un petit chien loup avec la robe de sa maîtresse. Alors, je la relève, je la prends dans mes bras et je l'embrasse avec effusion !

— Si tu l'aimes, va-t'en — dans son intérêt, reprit Goffin, mais va-t'en. Quittez-vous sur un bon souvenir ! Tu vas atteindre la série des trahisons forcées et des mensonges intéressés. Tu lui feras injustement des scènes de portefaix, elle te haïra — et je ne te plaindrai pas. Qu'a-t-elle fait, après tout, qui puisse motiver ton attendrissement ? Au lieu de payer comptant, elle achète à crédit, mais elle ne se prive de rien. Elle sait bien qu'à un moment donné, ce Messie viendra que madame Cornemulle attend avec tant d'impatience. Justement, il arrive à Paris, ces jours-ci, un convoi de vingt-sept princes de la frontière de Volhynie. Nous allons voir un bel assaut au cœur de ta belle !

9

XXXI

Robert rentra chez lui, prit, dans la commode et dans le porte-manteau, le linge et les effets nécessaires et se mit à emballer le tout dans sa valise.

Il bouclait les courroies quand Blanche entra comme une petite folle.

— Bonjour, monsieur, dit-elle à Robert. Je suis tranquille pour huit jours. Figure-toi que les chevaux n'avaient pas mangé depuis hier, j'ai vendu mon cachemire et les pauvres dadas auront du bon foin et de la bonne avoine !

Elle se mit à sauter, en chantant :

> Je suis la fille du printemps,
> Je suis l'enfant de la nature...

— Chère petite ! murmura Robert le cœur serré et se tenant tout confus devant la valise qu'il essayait de pousser derrière un fauteuil.

— Qu'est-ce que c'est que ça, tu vas partir? s'écria Blanche.

— Je vais partir, répondit Robert avec fermeté. Ne m'oublie pas complétement, c'est tout ce que je te demande. Tu peux donner un but à ta vie, tu peux avoir du talent... Que le nouvel amant ne soit pour toi que la moitié de l'avenir... Le jour où la réputation d'une comédienne applaudie aura fait oublier les folies de ta jeunesse, ce jour-là, je serai heureux.

— Et à quelle heure part le train ? demanda Blanche.

— A huit heures.

— Attends-moi, je vais faire ma malle et je reviens.

C'est ainsi que tous deux partirent ensemble — pour se séparer !

XXXII

Blanche n'avait jamais vu la mer.

Robert la conduisit à Arcachon.

Les grandes forêts de pins, les dunes et les déserts de bruyères parurent ne la frapper que d'une médiocre admiration.

En revanche, la pêche aux coquillages l'absorba complétement.

Elle piétinait dans le sable mouillé, et dès qu'elle apercevait un petit trou, elle y fourrait le doigt et ramenait triomphalement un clovis ou une palourde.

Elle avait toujours une provision de crabes dans son mouchoir de poche qu'elle tenait par les quatre coins, et elle poussait des cris de terreur quand l'un d'eux tentait une ascension vers les doigts.

Une des afféteries les plus charmantes de cette délicieuse fille était la prononciation enfantine de quelques mots. Elle disait d'un ton piteux, en tenant ses deux bras écartés du corps : Je suis toute *mougnée!*

Et il fallait prendre un mouchoir et l'essuyer.

On avait un gros baiser pour la peine.

Un petit coup qu'elle se donnait contre un meuble, un faux pas, mille autres détails devenaient pour elle une source comique de singeries et de grimaces à dérider un président de cour d'assises.

Un jour, elle courut avec un fusil après une guêpe qui avait failli la piquer...

Il fallait l'entendre dire en pleurnichant : Je *m'a* assis de côté et *j'a* tombé par terre.

Ou bien : Il est midi, il faut *s'habigner.*

Ou bien encore :

— Allons, *vognons,* embrasse-moi, ou je pleure !

Tout cela peut paraître niais au lecteur, mais s'il avait pu voir cette amusante poupée, s'il avait pu entendre la petite voix si fraîche et si gracieuse dans ses inflexions, il aurait compris les extases de Robert.

En déjeunant sur la dune, au bord du golfe de Gascogne, Robert contemplait les sables arides et déserts.

Après avoir dévoré un pâté de tourterelles, Blanche plongeait des *mougnettes* dans un pot de gelée d'arbouses. De temps en temps, Robert lui tenait le verre et la faisait boire.

Le phare disparaissait complétement derrière les montagnes de sable ; et la vague succédant à la vague dans un roulis monotone, traçait sur le rivage une longue ligne d'écume.

Une mouette, un goëland frisaient de l'aile la crête des flots.

Robert laissa tomber les yeux sur sa maîtresse...

— Ne vaudrait-il pas mieux, pensa-t-il, creuser une fosse dans ces sables mouvants et y laisser cette enfant plutôt que de la ramener à Paris ?

Il me semble que je vais la livrer à toutes les fourches de la luxure... Les immortelles jaunes et rouges poussent naturellement sur la dune, j'en jetterai quelques pieds sur la tombe où elle dormira et je l'aurai sauvée des Sodomes et des Gomorrhes ?

Blanche se mit à chanter la sérénade de *Gil Blas* :

> Gusman a dit vrai, madame,
> Vous pouvez faire mon bonheur.
> Nous n'avons à nous deux qu'une âme,
> Nous n'avons à nous deux qu'un cœur !

— Aimes-tu l'Océan ? demanda Robert.

— Non, répondit Blanche, je n'aime que toi.

Et elle lui sauta au cou, ce qui éloigna de l'esprit de Robert toute idée d'ensevelissement prématuré.

Il mit la barque à flot (une petite yole peinte en blanc), et, livrant la voile à la brise, il mit le cap sur Arcachon.

A peine débarqué, le son d'un orgue de Barbarie vint frapper l'oreille du couple amoureux.

Le joueur d'orgue s'était installé devant le chalet d'une famille anglaise et jouait une espèce de pot-pourri... C'était d'abord : *Ohé! les p'tits agneaux!* puis le quadrille des *Lanciers*, et enfin le *Sire de Franc-Boisy*.

Blanche redressa la tête; son visage s'épanouit... Les bals de Brésiliens chez les Frères-Provençaux, les nuits de l'Opéra, les galas de lorettes lui revinrent tout d'un coup à l'esprit.

Et quand l'orgue entama le *Sire de Franc-Boisy*, ma foi! elle n'y put tenir davantage, et relevant ses jupes, elle se mit à danser un cancan échevelé devant les pins maritimes étonnés.

— Un sourire plein d'amertume passa sur la figure de Robert comme une rafale sur un lac.

— Ma petite, dit-il à Blanche, nous repartirons ce soir.

XXXIII

Tandis que Robert Dutaillis et Blanche Perdue quittaient leur petite chambre d'Arcachon, Gaston et la Ferrani s'installaient à l'hôtel de la préfecture, à Pau.

Les passions déclassées cherchent le mouvement et l'aventure. La vie nomade est un besoin pour l'homme qui a appris à fouiller les sourires du boulevard et qui lit, dans les plis de la lèvre du passant, une page de la vie de sa maîtresse !

Le voyage — de Paris à Pau — n'avait pas été sans charme.

A Tours, où Marthe voulut s'arrêter une demi-journée, son amant lui demanda, en se promenant sur les bords de la Loire, si elle n'était jamais venue dans ce pays.

— Jamais, répondit Marthe.

Gaston serra plus fortement sous son bras le bras de sa maîtresse.

A Dax, un orage retarda le départ de la diligence.

Marthe avait peur.

Elle était pâle et se pendait au cou de Gaston, qui se sentit tout fier de cette protection imaginaire.

L'hôtel des messageries donnait sur l'Adour.

— Je comprends, dit Gaston, la manie qu'avait M. de Chateaubriand de mettre les fleuves en bouteille. Moi aussi, j'emporterai à Paris une bouteille de l'Adour et une bouteille de la Loire.

— Il faudra aussi, ajouta Marthe, emporter une fiole du Gave pour donner à la rue de Provence une idée de la rapidité des torrents!

Le séjour à Pau fut marqué par quelques incidents qui méritent d'être rapportés.

Gaston avait remarqué, à Caen et à Cherbourg, que Marthe envoyait, chaque matin, deux lettres à la poste.

Le garçon de l'hôtel, subventionné d'un louis par Duthil, lui montra ces lettres.

L'une était adressée à Madeleine, l'autre à lord Bradley.

— Que peut-elle avoir à écrire tous les jour à Bradley? pensa Gaston.

Et il se promit de le savoir.

Il est un détail important que nous avons laissé de côté jusqu'à présent.

C'est l'influence grave que cette liaison journalière avec une femme passionnée avait eue sur la santé de Gaston Duthil.

Fatigué par l'excès, brisé par une lutte morale qui ne lui laissait aucun relâche, monté par la jalousie, surexcité enfin par la conscience de la fausse situation où il se trouvait, Gaston était singulièrement changé.

Il avait maigri, ses joues s'étaient creusées; ses cheveux tombaient rapidement. A de certains moments, il était pris de battements de cœur, d'oppressions qui l'obligeaient de s'asseoir. Ses yeux s'éraillaient, et la peau du visage, ternie, sans couleur, se couvrait d'une peluche blanchâtre qui disait l'appauvrissement du sang.

D'autre part, le système nerveux s'était développé chez lui au point qu'il avait quelquefois de véritables accès de rage.

L'amour de certaines femmes ne s'arrête qu'au cimetière.

Ce sont des goules à qui il faut des morts.

L'état maladif où se trouvait Gaston expliquera certains faits qui, dans l'état ordinaire des choses, paraîtraient monstrueux.

XXXIV

Un matin, Marthe tendit à son amant une lettre tout ouverte de Madeleine.

La jeune fille parlait de Paris, où elle était restée sous la surveillance d'une vieille cousine. Elle racontait ce qui pouvait intéresser sa mère dans l'économie de la maison de la rue du Cirque.

« On avait cassé une cuvette et une carafe : il était mort un bengali... »

Suivait le détail des obsèques du bengali dans un pot de fleurs.

La lettre se terminait ainsi :

« Adieu, chère petite mère, je t'embrasse à tort et à travers...

« MADELEINE. »

— Est-elle drôle, cette petite! s'écria Marthe.

Gaston ne vit qu'une chose, c'est que Madeleine n'avait pas eu un mot pour lui.

Il descendit pour demander des chevaux, et comme il attendait devant la porte de l'écurie, le garçon descendit avec deux lettres.

— Je vais les jeter moi-même à la poste, dit Gaston.

Il mouilla l'enveloppe de la lettre adressée à lord Bradley et l'ouvrit facilement.

« Mon cher Brad, disait Marthe, — qui employait souvent ce diminutif familier, — je t'ai déjà dit que le séjour de Pau me paraît assommant.

» Je ne comprends rien à certaine phrase à *double* sens de ta dernière lettre. Je suis ici *toute seule* et *bien seule*.

» A Bagnères ou aux Eaux-Bonnes, je rencontrerai probablement des figures de connaissance.

» Dieu! que je m'ennuie ici! Que cette ville est triste et monotone!

» Si je n'étais pas si souffrante, j'aurais déjà quitté la ville de Henri IV.

» Tu me dis que lord Lowendal est à Baréges. Je n'irai certes point l'y trouver.

» Ah ça! est-ce que tu serais jaloux, par hasard?

» Je croyais que nous avions renoncé *tous deux*, et depuis longtemps, à ces niaiseries de pensionnat.

» Tu m'as fait rire en me demandant « quelle raison j'aurais de ne pas te tromper? »

» Le fait est que si je n'étais pas une pauvre vieille femme de trente-six ans (ce chiffre est pour toi seul, c'est trente-trois pour les autres!), tu me ferais la partie belle, ingrat! qui, depuis trois ans, ne m'a pas fait même un doigt de cour...

» Je te dis, moi : — Pourquoi te tromperais-je?

» Je suis bien lasse, va! et je trouverais fort ridicule de recommencer des roucoulades dont je suis rebattue... (Je te les jouerai sur le piano quand tu voudras!)

» L'intérêt?

» Te mentir par intérêt?

» C'est moi qui ne me donnerais pas cette peine!

» Ne m'as-tu pas dit toi-même que ce n'est plus pour moi, mais pour Madeleine que tu continues la rente?

» Eh bien!

» Rassure-toi, mon cher Brad, je n'aime personne, pas même toi... C'est fini.

» Adieu, *je t'embrasse à tort et à travers*,

» Ton éternelle

» Marthe. »

— Comment! s'écria Gaston furieux, elle vole des phrases à sa fille, à présent? C'est ignoble.

Il rétablit l'enveloppe, jeta les deux lettres dans la boîte et revint à l'hôtel en parlant tout haut dans la rue.

— Ah! elle s'ennuie ici! cette ville est monotone... Comme ce Bradley doit se moquer de moi! Et elle l'embrasse à tort et à travers! quelle coquine! Je vais la secouer drôlement... Nous verrons si elle continue à s'ennuyer...

Marthe l'attendait dans la cour de l'hôtel.

— Allons! à cheval! lui cria-t-elle en souriant.

Gaston sauta en selle.

— Où allons-nous aujourd'hui? demanda Marthe.

— Prenons la route du Jurançon, dit Duthil.

Au fond de la place Henri IV se trouve une terrasse au pied de laquelle le Gave galope bruyamment sur un lit de cailloux.

La cime des plus hauts peupliers atteint à peine la galerie. Un sentier rapide conduit au bord du torrent.

— Nous allons descendre par là, dit Gaston, c'est plus court. Nous irons prendre la grande route à droite.

— Mais c'est impossible! s'écria Marthe, nous allons nous tuer...

— Heup! fit Gaston en appliquant un violent coup de cravache moitié sur la croupe du cheval, moitié sur la robe de la Ferrani.

Les chevaux descendirent glissant et hennissant...

Marthe était pâle comme une morte.

Arrivé au bord du Gave, son cheval se cabra.

Elle s'accrocha à la bride et parvint à se maintenir.

Le Gave, qui inonde en hiver les campagnes environnantes, n'a guère à cette époque de l'année qu'un demi-pied d'eau; mais la rapidité du courant entraîne et roule une multitude de cailloux qui produit un bruit effroyable.

Gaston voulut traverser le torrent.

Il fallut ensuite prendre le galop à travers champs.

— Qu'as-tu donc? criait la Ferrani, furieuse et tremblante, tu es devenu fou!...

— En avant! criait Gaston qui ne cessait de frapper et d'exciter le cheval de sa maîtresse.

Des paysans irrités lui jetèrent des pierres.

Une pierre atteignit Marthe à l'épaule.

— Arrête! cria-t-elle.

— Jamais! dit Gaston.

Cette course désordonnée dura une demi-heure.

— Voici la route, fit Marthe respirant plus à l'aise.

— Continuons, reprit Gaston, nous reviendrons au pas.

Les cotaux du Jurançon s'étageaient devant eux, couverts de verdure et souriant au soleil.

A gauche, les Pyrénées s'étendaient comme un immense rideau, festonnant l'horizon de leurs crêtes blanchâtres.

Au flanc de la montagne, quelque village apparaissait de loin en loin : une maisonnette, une cabane, des bois, une vigne, puis des entassements de rochers, et la neige et les nuages qui semblaient se reposer un instant sur ces sommets.

Le pic du Midi se détachait, sec et maigre, au milieu des lourdes montagnes qui ressemblent à des monstres enfouis jusqu'à la ceinture et dont le ventre énorme déborderait la fosse.

— Je veux revenir à l'hôtel, dit la Ferrani, il y a des moments où tu me fais peur. Dix fois, j'ai failli être tuée dans cette course frénétique. On n'est pas butor à ce point.

— Ma chère amie, répondit Gaston avec ironie, j'ai voulu te faire connaître des émotions nouvelles. Je crains toujours de te voir t'ennuyer avec moi, et cette crainte paralyse ma bonne humeur. Je mettrai tous mes soins désormais à trouver chaque jour quelque chose de nouveau. Il faudra s'ingénier, mais que ne ferait-on pas pour te plaire ?

— Tu as l'air de te moquer de moi ! s'écria Marthe tout éplorée ; de quoi peux-tu te plaindre ? que t'ai-je fait encore ? A Paris, c'est mon entourage qui te choquait ; à Courseulles, c'est un rapprochement bien innocent qui t'a irrité ; mais ici ? Je ne vois, je ne connais personne. C'est à peine si le maître d'hôtel a lu ton nom et le mien sur le registre des voyageurs. Tu ne me quittes pas. Que veux-tu de plus ? Que faut-il pour que tu sois calme, sinon heureux ?

Gaston saisit par la bride le cheval de sa maîtresse et l'arrêta court.

— Pourquoi, demanda-t-il avec colère, écris-tu tous les jours à Bradley ?

Marthe balbutia :

— C'est un ami de quinze ans. Je lui dois ma fortune ; c'est bien le moins que je lui témoigne des égards... Il a l'habitude de recevoir chaque matin une lettre de moi...

— Où tu l'embrasses *à tort et à travers ?* s'écria

Gaston, les yeux allumés et les dents contractées.

Marthe devint livide.

— Vous avez ouvert ma lettre ! dit-elle avec indignation.

— Je ne veux pas qu'on se moque de moi, répondit le jeune homme. Il y a un secret entre toi et Bradley; ce secret, je veux le savoir. J'ouvrirai toutes tes lettres, et si je crois que tu caches quelque chose dans un tiroir ou dans une armoire, je défoncerai le meuble à coups de talons de bottes. Si tu as des serrures à secret, j'en trouverai le mot avec mes ongles !

Ce serait trop bête de me laisser rouler par un scrupule déplacé. Tu vas me dire encore, avec tes airs prétentieux, que *ces choses-là ne se font pas ?* Eh bien! je les ferai !

Est-ce moi qui suis allé te chercher ?

Est-ce que je voulais de ton amour ?

J'ai été conduit chez toi comme on est conduit au poste.

Maintenant que tu crois me tenir, tu voudrais reprendre insensiblement ton existence d'autrefois et renouer tes galanteries. Libre à toi ! fais ce que tu voudras, mais, au moins, dis-le franchement et laisse-moi tranquille.

— Je ne pourrais plus me passer de toi, dit Marthe, et tu le sais bien. Suis-je assez malheureuse de t'aimer! Il n'y a pas de secret entre moi et Bradley, il y a une habitude, voilà tout. Ne me sépare pas complétement du dernier ami qui me reste. Tu devrais être bien sûr de moi... (Ici Marthe devint presque arrogante.) Car enfin ! — ce n'est pas l'INTÉRÊT qui me retient....

— C'est cela ? répondit Gaston en riant, quand vous avez dit « l'intérêt » vous croyez avoir tout dit.

Ce n'est pas l'intérêt d'argent qui te retient, soit! mais il y a plusieurs espèces d'intérêt. Tu passes pour avoir inspiré une grande passion — à l'époque où d'autres femmes y renoncent — et tu es flattée de cette particularité. Deux ou trois fois je t'ai surprise à baisser les yeux parce qu'on disait devant toi une chose un peu leste, et cette pudeur en retard paraissait égayer la galerie.

Tu m'a pris pour amant dans l'espoir de te faire pardonner les autres ; là est l'intérêt.

Tu as affiché le repentir, il faut que tu le joues jusqu'au bout !

Le jour où tu trouveras un moyen de te tirer de là, nous verrons bien si tu m'aimeras encore...

XXXV

Après chaque querelle, après chaque lutte, Marthe revenait à son amant plus soumise et plus tendre.

La violence était une des grandes coquetteries de Gaston Duthil. Il avait dans la voix des cordes chaudes qui arrivaient, par moments, à une sonorité particulière. L'injure, chez lui, était sympathique.

Marthe ne pouvait lutter contre un accès de colère de son amant.

Elle le regardait s'emporter, elle suivait avec une attention charmée ses gestes incohérents, et, enfin, elle lui sautait au cou, en disant :

— Tu es charmant quand tu te fâches.

Aussi Gaston avait-il soin de se fâcher tous les deux jours.

Cependant la scène équestre que nous venons de rapporter fut suivie d'un calme plat qui se prolongea jusqu'au retour à Paris.

Marthe n'écrivit que deux ou trois fois à Bradley, et elle eut soin de jeter elle-même les lettres à la poste.

Gaston s'était promis de savoir quel lien pouvait rattacher si fortement l'Anglais à la cantatrice.

Il y avait, dans la contradiction apparente de sa conduite, un mystère singulier.

Bradley, qui affichait un profond mépris pour la Ferrani, ne pouvait se passer de la voir tous les jours, à Paris, et de lui écrire quand elle était en voyage.

L'événement qui rapprocha l'Anglais et Gaston Duthil ne fut pas l'un des moins importants de ce récit.

XXXVI

LE DUEL A LA BOUSSOLE

Le comte de Rouzoff, se plaignant de n'avoir pas été reçu chez la cantatrice le jour de sa promenade de convalescence au bois de Boulogne, avait ajouté :
— Je ne me décourage pas facilement.
D'un autre côté, Gaston, qui se tenait sur un qui-vive perpétuel, avait soin de ne jamais prévenir sa maîtresse de l'heure à laquelle on pouvait l'attendre.
Il glissait discrètement sa clef dans la serrure de la petite porte de service qu'il refermait avec précaution ; puis il allait à pas de loups jusqu'à la chambre à coucher de Marthe.
S'il n'entendait rien de ce côté-là, il revenait sur ses

pas, traversait la salle à manger et entr'ouvrait la porte du salon.

C'est ce qu'il appelait *faire sa douane..*

Quand Madeleine le surprenait, l'air inquiet et marchant sur la pointe du pied, elle haussait les épaules et lui riait au nez.

Un jour qu'il *faisait sa douane*, Madeleine entr'ouvrit la porte de sa chambre et lui dit d'un air moqueur :

— Au salon !

Gaston alla au salon et une voix bien connue, celle du comte de Rouzoff, vint frapper son oreille.

— Ma chère amie, disait le comte avec son accent traînard, vous ne me ferez jamais croire que vous êtes encore amoureuse de ce jeune homme. *Donc*, il y a si longtemps que cela dure... C'est impossible. On vous a changée en voyage...

— Je vous jure que je l'aime, répondait Martha.

— Vous aimiez aussi Norton, ajouta de Rouzoff, et de toutes vos forces... Donc, vous m'avez trompé avec lui.

Et il ajouta avec un profond soupir :

— Quelle satisfaction ce serait pour moi de tromper quelqu'un à mon tour !

Gaston ouvrit brusquement la porte et il entra dans le salon.

— Comment ! ma chère, fit M. de Rouzoff d'un air étonné, il n'y a personne pour annoncer !

— Je m'annonce moi-même, monsieur, dit Gaston.

Le comte était assis sur un pouf à franges bleues et rouges ; la Ferrani, placée à côté de lui sur une chauffeuse, avait, à l'entrée de Gaston, retiré vivement sa main droite que le comte tenait complaisamment serrée dans les siennes.

Le Russe se leva.

— C'est un charmant garçon, dit-il à la Ferrani ; il jouerait fort bien les *jeunes premiers*.

— Et vous les Jocrisses ! riposta Gaston avec insolence.

Le comte parut sentir vivement cette injure ; son nez s'empourpra malgré la couche de blanc de perles dont il était revêtu.

— Je croyais, ajouta de Rouzoff, en continuant de s'adresser à la Ferrani, je croyais que monsieur faisait quelque chose le jour...

Gaston prit le comte par les épaules et l'envoya d'un coup de pied bondir dans la salle à manger.

— Eh bien ! qu'est cela? quelles manières ! murmura le comte avec une hauteur plaintive.

Gaston le saisit au collet et le traîna jusqu'à la porte de l'escalier ; là, il jeta le malheureux de Rouzoff sur les premières marches ; et, refermant la porte derrière lui, il se campa, les bras croisés, en face de sa maîtresse.

Celle-ci, quoique contrariée, ne pouvait s'empêcher de rire.

— Pauvre vieux, dit-elle, tu lui as fait du mal.

— Pourquoi l'as-tu reçu chez toi ?

— Je traversais l'antichambre quand il a sonné... Bêtement, j'ai ouvert moi-même... Je ne pensais pas que tu pusses être jaloux de cette momie.

— Cette momie est cravatée, peinte et gantée; cette momie a un équipage à ta porte; cette momie a un portefeuille dans sa poche et des bijoutiers rue de la Paix. C'est un spectre de ton passé... Je ne puis supporter la vue des gens auxquels tu as appartenu.

La Ferrani eut un geste ignoble et plein d'une honteuse philosophie.

— Sans ces gens-là, mon cher, dit-elle avec impudence, je t'aimerais dans un grenier, et comme je n'ai plus vingt ans, je m'y trouverais sans doute fort mal à l'aise.

— En sortant d'ici, fit Gaston, Rouzoff va raconter à qui voudra l'entendre qu'il vient de te faire une visite...

— Eh bien ?

— Il y aura des commentaires à n'en plus finir... Je serai mis encore une fois sur la sellette. On pourra croire que je te laisse libre de recevoir des amants, et alors...

— Alors quoi ? demanda Marthe avec une feinte naïveté.

— Alors, je te jetterai par la fenêtre !

— Cela va bien, dit Marthe, il faudra que je fasse mettre de la paille de tous les côtés; dans la cour pour moi, et pour Rouzoff dans l'escalier. Il a dû se faire un mal affreux... Au moins, s'il était tombé sur une botte de paille...

— Ça aurait fait du fumier, dit Gaston.

Marthe fit la moue, et s'avançant avec des mines d'enfant gâté, elle prit Gaston par les deux mains :

— O le méchant ! s'écria-t-elle, il fait toujours peur à sa pauvre femme qui l'aime tant... Allons, un gros baiser, bien vite !...

Duthil effleura rapidement de ses lèvres le front de la cantatrice.

— Mieux que cela ! dit celle-ci ; je vais vous apprendre à *embrasser*, moi... Tenez, tenez !

Gaston repoussait faiblement sa maîtresse, qui ajouta :

— Bon ! je l'ai dépeigné... Venez par ici qu'on répare ses torts !...

Elle entraîna le pauvre jeune homme dans sa chambre, le fit asseoir sur une chaise et se mit en devoir de le peigner avec une aimable sollicitude.

— Là ! s'écria-t-elle enfin, vous êtes joli comme un cœur, maintenant...

Gaston promit à Marthe de revenir la chercher pour dîner dans un restaurant des Champs-Elysées, et il revint chez lui par le faubourg Saint-Honoré, la rue Royale et le boulevard.

XXXVII

Au coin du boulevard des Capucines, il aperçut lord Bradley, qui vint à sa rencontre.

— Vous allez recevoir, lui dit-il, les témoins de M. de Rouzoff.

— Bien, fit Gaston, surpris de trouver l'Anglais au courant de son aventure.

— Je serai l'un de vos témoins, ajouta Bradley.

— Merci.

— Quel sera l'autre?

— Robert Dutaillis.

— Prévenez-le. Je serai chez vous avant une heure.

XXXVIII

Gaston écrivit à la hâte, sur une table de café, un billet qu'il fit porter chez Dutaillis, et il rentra rue de Provence.

A peine avait-il jeté son chapeau sur une chaise que lord Bradley frappa discrètement deux petits coups à la porte.

— Je vous suis reconnaissant, milord, lui dit Gaston, de la bonne grâce avec laquelle vous m'avez offert de me servir de témoin. Mais il me paraît impossible de cacher à madame Ferrani que vous me prêtez votre assistance dans cette affaire. Elle saura donc que vous me connaissez.

— Peu importe, *maintenant*, répondit Bradley.

— Qu'y-a-t-il donc de nouveau ?

— Vous le saurez dans quelques jours. En attendant, fiez-vous à moi.

Il y avait chez l'Anglais une grâce noble et une froide élégance qui n'étaient point sans autorité sur ceux qu'il approchait.

Gaston s'inclina en signe d'acquiescement.

— Savez-vous tirer? demanda Bradley.

— Peu.

— Vous êtes-vous battu?

— Oui.

— Combien de fois?

— Deux.

— Vous avez été blessé?

— Quatre!

— C'est votre tour d'arriver premier, dit Bradley, je m'en charge. Rouzoff va demander le pistolet. Il tire comme un ange et vous abattrait net. Mais j'obtiendrai facilement l'épée en déclarant que vous ne savez pas vous en servir. Rouzoff est un vieil habitué de salles d'armes, il acceptera.

L'Anglais se mit à ricaner. Sa physionomie, ordinairement calme, avait je ne sais quoi de particulièrement féroce.

— Sur les deux épées, continua-t-il, il y en a une mauvaise ; la bonne est celle qui touche. C'est celle-là que je vous donnerai.

Gaston écoutait l'Anglais avec étonnement.

— Qu'avez-vous là, sur cette console? demanda Bradley.

— Une boussole, milord.

— Prêtez-la moi.

— La voici.

Bradley fit tourner la boîte de la boussole dans tous les sens et parut contempler l'aiguille avec un vif intérêt.

— Tenez, dit-il à Gaston, votre épée ira fatalement au cœur de Rouzoff comme cette aiguille va vers le nord !

Il se leva et fit trois pas dans le petit salon où Duthil l'avait reçu.

— Retenez bien, continua-t-il, ce que je vais vous dire.

Gaston prêta toute son attention.

— Liez le fer, liez toujours! Pas de coupé, pas de froissé, pas de dégagé ! liez, liez toujours... et fendez-vous !

On sonna.

C'était Robert Dutaillis.

Gaston présenta Robert à lord Bradley et lui expliqua l'affaire.

Un instant après, le marquis Labeco et le prince Lamphoriski se présentèrent de la part de M. le comte de Rouzoff.

XXXIX

Gaston alla faire un tour de boulevard pendant que ces messieurs ordonnaient la rencontre.

Lord Bradley vint le retrouver chez Tortoni.

— Vous ne vous battez pas demain, lui dit-il. Rouzoff a demandé vingt-quatre heures pour régler certaines affaires. Ces messieurs ont *accepté* l'épée. La rencontre aura lieu derrière le parc d'Asnières.

— J'aurai l'honneur de vous prendre chez vous, milord, dit Gaston.

— Non, reprit l'Anglais, je vous enverrai ma voiture. M. Dutaillis partira en même temps que vous et vous me trouverez avec un médecin devant le parc de Monceaux.

— Comme il vous plaira.

— Encore un mot! Vous direz à madame Ferrani que vous vous battez demain.

— Pourquoi?

— Je vous le dirai plus tard.

— Est-ce tout?

— Vous lui cacherez jusqu'au dernier moment que j'ai l'honneur de vous assister dans cette affaire...

— Soit.

— Et, au moment où elle vous croira sur le terrain...

— Eh bien?

— Vous irez chez elle.

— Mais cependant...

— Il le faut, et je vous prie de suivre mes instructions à la lettre. Quand le moment en sera venu, je vous donnerai le mot de cette énigme.

— Je serai obligé de forger une explication...

— Oh! vous pouvez *lui* dire dès demain que l'affaire est remise, que de Rouzoff a demandé un sursis, ce que vous voudrez enfin... Mais il est indispensable que Marthe croie tout aujourd'hui que vous vous battez demain.

— Milord, j'aime à comprendre ce que je fais et à savoir pourquoi je le fais?

— Je vous donne ma parole, dit Bradley en accentuant les mots, que je vous l'apprendrai bientôt...

XL

Marthe eut connaissance de l'affaire.

Elle parut peu inquiète.

— C'est pour demain ? demanda-t-elle.

— Oui, répondit Gaston.

Le soir seulement, il lui apprit que la rencontre était remise.

Marthe parut vivement contrariée.

Elle fut de mauvaise humeur tout le reste de la soirée, et Gaston la vit remettre un pli cacheté à sa femme de chambre. A qui donc pouvait-elle écrire à cette heure avancée ?

Avait-elle à prévenir quelqu'un que le duel était renvoyé ?

Dans quel but?

Et qui?

Marthe demanda à Gaston le nom de ses témoins.

Il répondit :

Dutaillis et *probablement* Goffin.

— Qu'est-ce que c'est que cela, Dutaillis? dit Marthe.

— Un charmant garçon de mes amis.

— N'est-ce pas un monsieur qui cherche une place dans l'almanach pour je ne sais quelle drôlesse?..

— Blanche Perdue? dit Gaston.

Marthe pâlit, et, fixant sur Gaston un regard inquiet, elle lui demanda *s'il connaissait cette fille.*

— Je l'ai vue deux ou trois fois, répondit le poëte; elle est d'une grande beauté.

— Quelque chose de propre! grommela la Ferrani, à seize ans, *ça* s'était déjà traîné dans le ruisseau.....

— Pauvre petite! fit Gaston, on dirait que tu la hais?

— Moi! cria la Ferrani avec affectation, est-ce que je connais ces torchons-là!

XLI

En laissant à gauche le parc d'Asnières, on trouve sur la route de Genevilliers un endroit isolé que nous indiquons aux amateurs.

Une allée magnifique, un terrain solide et un grand mur qui est un obstacle aux curieux.

C'est à cet endroit que se rencontrèrent le comte de Rouzoff et Gaston Duthil.

On tira les places au sort.

Gaston eut le choix et tourna le dos au soleil.

Rouzoff parut affecté de cet incident.

— Je vais attraper un coup de soleil sur le nez, dit-il au marquis Labeco. Si j'avais prévu ce qui arrive, j'aurais apporté un petit flacon d'huile d'amandes douces...

Bradley mesura les épées.

Il était ganté, et passa à plusieurs reprises l'une des épées dans le gant qui recouvrait sa main droite.

— Que faites-vous donc ? demanda Dutaillis.

Bradley ne répondit pas.

Il tendit cette épée à Gaston et offrit l'autre à M. de Rouzoff.

— Liez le fer, liez toujours ! répéta-t-il à l'amant de la Ferrani.

Les adversaires n'avaient gardé qu'un pantalon noir et une chemise de batiste.

Gaston était bien taillé, bien fendu, souple et leste.

Le comte, un peu lourd, tenait une garde allongée.

Le bras paraissait vigoureux et l'homme décidé.

C'est lui qui commença l'attaque, et, dès les premières passes, on put reconnaître en lui un habile tireur.

Gaston se tenait en tierce et fatiguait le fer de son adversaire par un frottement continu.

Le comte essaya deux ou trois dégagés ; un battement, une grêle de coupés, mais sans pouvoir arriver au corps.

Essoufflé, il demanda du repos.

— C'est singulier, dit-il au marquis Labeco, j'éprouve dans le bras droit une sorte d'engourdissement...

— C'est singulier en effet, fit le marquis.

— Il semble que j'aie été magnétisé et que j'obéisse à une autre volonté que la mienne.

— Un peu de fatigue, peut-être?

De la main gauche, Rouzoff frotta son bras engourdi et se remit en garde.

— Allez, messieurs! fit Bradley.

Gaston, presque fendu, le bras en avant, marcha lentement sur son adversaire.

— Je suis paralysé, murmurait celui-ci, l'épée va m'échapper.

Au même instant, Gaston lui enfonça deux pouces de fer dans la poitrine.

Le médecin déplia sa trousse et se mit en devoir de panser la blessure.

Gaston avait jeté son épée.

Comme Bradley s'approchait pour ramasser les armes, le marquis le devança et prit une épée par la poignée...

Il arriva alors un phénomène singulier.

L'autre épée se dressa sur la garde et le fer de la première resta collé au fer de la seconde.

Bradley arracha vivement les armes des mains du marquis stupéfait, et il passa de nouveau dans son gant la lame de l'une des épées, mais cette fois dans le gant de la main gauche.

— Il y a trahison, s'écria le marquis, ce fer est aimanté !

— Allons donc ! dit Bradley, c'est une plaisanterie, voyez vous-même...

Le marquis Labeco approcha une clef de la lame des épées, la clef tomba sur le gazon.

Il recommença plusieurs fois cette expérience, mais avec le même résultat.

Il balbutia :

— Je vous prie de recevoir mes excuses, milord...

— Cela n'est rien, monsieur, dit Bradley ; vous vous êtes trompé, voilà tout. De l'aimant ! quelle idée !

Et se tournant vers Gaston :

— En voiture, ajouta-t-il.

Robert Dutaillis resta auprès de M. de Rouzoff avec le docteur, et l'équipage de Bradley reprit la route de Paris.

XLII

Gaston demanda avec inquiétude :
— Que signifient ces soupçons, milord?
L'Anglais eut un sourire rempli d'amertume.
— Votre épée, avais-je dit, ira droit à la poitrine de votre adversaire comme cette aiguille va vers le nord !
— C'était donc vrai? s'écria Gaston avec épouvante.
— J'ai voulu égaliser les chances.
— Mais c'est une infamie! J'ai joué avec des dés pipés...
— C'est un secret qui doit mourir avec nous deux.

Je suis seul coupable — et j'entends n'avoir d'autre juge que ma conscieuce.

Le poëte était atterré.

— Je n'ai qu'un regret, continua l'Anglais, c'est que vous n'ayez pas tué ce vieux coquin.,.

Il y eut un silence de quelques minutes.

Bradley reprit la parole :

— Êtes-vous allé chez Marthe, hier matin?

— Oui.

— Comment vous a-t-elle reçu.

— Froidement.

— Et cela, la veille du jour où vous alliez vous battre pour l'amour de sa personne !

— Milord! interrompit Gaston, je veux savoir quel motif a pu porter un gentilhomme à commettre un acte de félonie, un acte dont je rougis bien que je n'en sois que l'innocent complice.

— J'ai voulu vous sauver.

— Pourquoi?

Bradley fixa sur le poëte un regard pénétrant.

— Parce que *vous aimez* Madeleine.

— Moi?

— Parce que vous l'aimez — et que vous avez su la respecter.

Gaston resta muet.

Comment cet homme avait-il pu lire dans son cœur?

Dans quel intérêt se faisait-il ainsi l'arbitre de sa destinée?...

On était arrivé au coin de la rue du Helder.

— Je descends ici, milord, dit Gaston, adieu!

— A bientôt, répondit Bradley.

XLIII

Une fois chez lui, le poëte se mit à marcher avec agitation.

Il ne savait à quoi se décider,

Révéler aux témoins de M. de Rouzoff l'infâme subterfuge auquel avait eu recours l'homme qui l'avait assisté sur le terrain, c'était peut-être aggraver le mal.

Comment sortir de là ?

Que faire !

Au milieu de ces hésitations, une lueur se fit dans son esprit.

— C'est cela, s'écria-t-il ; Bradley, j'en suis certain, va tous les jours chez la Ferrani, et jamais je ne l'y ai rencontré.

Or, il n'y a chez Marthe qu'un endroit où je n'entre pas ; c'est la chambre de Madeleine.

C'est donc là qu'il est enfermé...

Mais à quel titre !

Gaston prit son chapeau et courut jusqu'à la rue du Cirque.

Il était trois heures.

Marthe n'était pas encore revenue de la répétition.

Les Italiens étaient ouverts depuis un mois, et on venait de mettre à l'étude un opéra nouveau de Gaëtano Braga, dans lequel la Ferrani remplissait le rôle important, à côté d'un ténor nouveau à Paris, Vincenti Ranucio.

Vincenti Ranucio était un homme de quarante ans, qui avait obtenu quelques succès à Turin et à Milan. La direction des Italiens s'efforçait, à grands coups de réclame, d'en faire *l'étoile* de la saison.

La femme de chambre dit à Gaston que *Madame* ne rentrerait pas avant quatre heures.

— Je vais l'attendre, répondit Gaston.

Il prit un livre et s'assit sur un tabouret — dans le boudoir.

Au bout d'un instant il jeta le livre et se prit à songer.

Le portrait de William Norton, fixé au-dessus du piano, semblait le regarder d'un air goguenard.

Gaston ouvrit la fenêtre et promena un regard attristé sur les jardins qu'il avait trouvés si riants et si joyeux — le premier mai !

Les arbres étaient dépouillés ; à peine quelques feuilles rougeâtres tenaient-elles encore à la branche...

Chaque souffle du vent emportait un débris...

Il referma la fenêtre.

Le bureau de Marthe était ouvert.

Gaston laissa tomber les yeux sur un paquet de lettres.

— Qu'est cela ? murmura-t-il.

Il prit une de ces lettres, et au milieu d'une déclaration banale, il reconnut des vers d'Aminta.

Ma, chi lung'è d'Amor ?
Chi teme et fugge.
E che giova fugge da lui ch'ha l'ali
Amor nascente ha corte l'ali !

« Qui est loin de l'amour ?
» Celui qui craint et fuit.
» A quoi sert de fuir un dieu qui a des ailes ?
» Quand l'amour vient de naître, ses ailes sont bien
» courtes. »

Gaston courut à la signature et il lut :

RANUCIO.

Il pâlit et voulut aller jusqu'au bout.

Mais comme il avançait la main dans le tiroir, il entendit des pas...

Madeleine entra d'un air indifférent.

— Tiens! dit-elle avec étonnement, qu'est-ce que vous faites donc là?

Gaston repoussa le tiroir et balbutia :

— Je cherchais une feuille de papier...

— C'est-à-dire, reprit Madeleine, que vous étiez occupé à lire ces vieilles lettres... c'est joli!

Gaston tenta de détourner la conversation, mais ce ne fut pas sans un certain tremblement dans la voix qu'il put dire :

— M. de Rouzoff a été blessé ce matin.

— Je sais, répondit Madeleine.

— Qui vous l'a dit?

— Monsieur Bradley.

— Quand l'avez-vous vu?

— Il sort d'ici.

— Vous le voyez donc tous les jours?

— Tous les jours.

— C'est singulier, dit Gaston; comment restez-vous ainsi enfermée des heures entières avec lord Bradley ?

— Qu'est-ce que cela vous fait?

— Cela fait que je suis jaloux !

Madeleine partit d'un grand éclat de rire.

— Jaloux de moi? demanda-t-elle.

— Oui! murmura Gaston.

— Je ne m'en serais pas doutée, dit Madeleine.

— Et vous ne répondez pas?

— A quoi?

— A ma question!

Madeleine haussa les épaules.

— Qu'est-ce que vous avec donc imaginé? demanda-t-elle.

— Je ne sais que penser, mademoiselle, mais l'idée que vous pouvez aimer quelqu'un me rend fou...

— Mais j'aime beaucoup Bradley, reprit Madeleine, et c'est pour cela que je puis rester enfermée avec lui...

— Je ne comprends pas, murmura Gaston.

— Puisque c'est mon père ! dit Madeleine.

XLIV

Dans cette usine de voluptés que l'on appelle Paris, il ne se passe pas de jour sans qu'on invente un moyen nouveau d'user la vie.

L'or est le grand-maître de la franc-maçonnerie de la débauche.

L'oisiveté des gens riches a voulu pour compagne l'oisiveté des filles pauvres ; mais pour arracher celles-ci au travail, il a fallu les enrichir. — On les enrichit *à condition*.

Par une conséquence fatale de cet entraînement tout le monde excède ses forces.

Une joûte s'établit dans le vice et dans la corruption.

C'est à qui trouvera une nouvelle forme à l'orgie, et la femme qui a fait dix fois le tour des Champs-Élysées dans une calèche à deux chevaux — vient reprendre humblement le harnais dans le cabinet particulier de quelque restaurant célèbre.

Il faut voir les créatures qu'on s'arrache !

L'une a de petits yeux gris percés en trous de vrille, la taille déformée par un avortement, une voix rauque, usée, horrible.

L'autre, maigre, anguleuse, poitrinaire, les cheveux rouges, la peau marbrée, livide.

Une troisième, les yeux trop grands, les cheveux retombant sur le front comme des oreilles de chien.

Et les autres ! les bras rouges avec de petites écailles au coude, une haleine fétide, la lèvre pendante...

La jeunesse ? la fraîcheur ? pourquoi faire ? cela dure six mois !

Une fille qui ne se farde pas est fatiguée à deux heures du matin, tandis que le rouge végétal et le vermillon des princes sont à l'épreuve du gaz et du champagne.

Combien de femmes trouvent à se vendre, a dit Chamfort, qui ne trouveraient pas à se donner

Les petites filles, les débutantes, n'ont qu'un médiocre succès.

On veut, à Paris, des femmes *connues*.

On les recherche comme on recherche à Londres les chevaux qui ont déjà couru et qui ont fait leurs preuves !

Marthe Ferrani était une Italienne de Paris. Fille d'une choriste et d'un régisseur, elle avait eu de la peine — dans les commencements.

Un jour, Sarah Volcan, qui avait déjà détroussé deux banquiers et un prince russe, la remarqua dans un bout de rôle.

Elle l'invita à dîner.

Il y avait à sa table, ce soir-là, quelques nobles étrangers.

Sarah Volcan fit étalage de ses diamants.

La petite Ferrani regardait avec une envieuse curiosité ces bracelets, ces colliers, ces bagues où la lumière scintillait.

— Comme c'est beau ! dit-elle.

— Quand tu voudras, ma fille, tu en auras autant, répondit Sarah.

A une heure du matin, le comte Olivieri offrit une place dans sa voiture à la jeune chanteuse.

Le lendemain, elle avait son premier bracelet.

Le reste ne se fit pas longtemps attendre.

Les débuts de Marthe dans la galanterie firent un certain bruit.

Presque tout de suite elle se trouva en vue.

Les petits journaux firent des plaisanteries de toutes sortes sur les amours du comte Olivieri.

Ce riche étranger avait fait peindre sur les panneaux de sa voiture un O surmonté d'une couronne de comte.

On prétendit que c'était un *zéro* couronné.

L'intimité la plus étroite s'établit entre Marthe et Sarah.

On les voyait toujours ensemble et l'on plaisanta beaucoup cette affection des deux femmes.

Elles ne cessèrent de se voir que lorsque la Ferrani devint mère...

XLV

UNE FILLE AUX YEUX D'OR.

Gaston était resté muet devant Madeleine souriante.

Il avait enfin pu comprendre l'obstination que mettait lord Bradley à suivre pas à pas l'existence de la Ferrani.

— Si vous êtes la fille de Bradley, dit-il à Madeleine, il faut fuir avec moi.

— Fuir? s'écria la jeune fille, et pourquoi?

— Parce que je vous aime comme vous ne serez jamais aimée — et qu'il nous séparerait!

Madeleine laissa échapper deux larmes.

On ne *peut pas* m'aimer, dit-elle avec douleur, je ne serai jamais la femme, encore moins la maîtresse de qui que ce soit au monde...

— Madeleine! s'écria Gaston en prenant la jeune fille dans ses bras, Madeleine, si tu m'aimes, viens! partons ce soir...

Madeleine repoussa brusquement le jeune homme. Il y eut dans son regard comme un jet d'épouvante et de folie.

— Mettez-vous là, dit-elle, et écoutez-moi.

Gaston se laissa aller dans un fauteuil.

Madeleine, s'asseyant sur ses genoux, le contempla un instant sans dire un mot et appuya longuement ses lèvres sur le front du jeune homme.

A ce moment, la Ferrani entra comme une furie, saisit un chandelier de bronze et tomba sur Madeleine à coups redoublés.

Celle-ci, poussant un cri de terreur, alla se blottir dans un coin...

Marthe lui jetait à la tête tout ce qui se présentait à sa main.

Gaston, surpris un instant, s'était levé et se plaçant devant Madeleine :

— Laisse cette enfant, malheureuse! dit-il à la Ferrani.

— Va-t'en! criait celle-ci; je veux la tuer, la misérable!... après ce que j'ai fait pour elle depuis dix-sept ans... c'est infâme!

Les traits décomposés, les lèvres blanches, les cheveux épars, Marthe était horrible à voir.

Elle poussait des cris de bête sauvage, tandis que Madeleine sanglotait, la tête cachée dans ses mains.

La Ferrani avait bondi sur la jeune fille et la frappait à coups de poing, quand Gaston, prenant Marthe à bras le corps, la jeta sur un canapé, puis ouvrant la porte du boudoir, il poussa Madeleine dans la chambre à coucher.

— Cette enfant est innocente, dit-il alors à la Ferrani.

— Qu'est-ce que cela me fait! répondit la cantatrice en haussant les épaules; il y a entre nous des choses que tu ne peux comprendre.

— Elle est entrée ici, continua Gaston, au moment où je venais d'ouvrir ce tiroir...

Marthe se leva comme si un ressort l'eût poussée.

— Tu m'as trompé! dit Gaston. Tu n'as été que mensonge et trahison!

— Je te jure que je t'aime! s'écria Marthe. Qu'as-tu lu? qu'as-tu trouvé? Fais voir, je t'expliquerai tout!

— Oh! mon Dieu! ajouta-t-elle avec désespoir, est-ce que lui aussi, il va m'abandonner?

— Adieu, dit Gaston, en se dirigeant vers la porte.

Marthe se cramponna à ses vêtements.

— Reste, je t'en supplie, disait-elle, ne me laisse pas maintenant...

Gaston se dégagea — et sortit.

En rentrant chez lui, il trouva sur son bureau un petit paquet cacheté.

Sur le paquet étaient écrits ces mots :

De la part de lord Bradley.

Gaston déchira l'enveloppe et trouva des lettres de Marthe à Ranucio.

Première lettre indiquant un rendez-vous.

Deuxième lettre recommandant le mystère et la discrétion.

Troisième lettre menaçant d'une rupture impitoyable, si jamais M. Gaston Duthil *venait à se douter de quelque chose.*

Une quatrième ne contenait que ceci :

« Ne m'attends pas demain, *ils ne se battent pas.* »

XLVI

Gaston comprit alors le motif qui avait porté Bradley à remettre au second jour la rencontre avec de Rouzoff.

— Ignoble créature! murmura-t-il avec dégoût, l'idée que son amant était en face d'une épée nue devait être une épice de plus à ses transports amoureux! Et voilà les femmes pour lesquelles nous perdons notre jeunesse et nos premières ardeurs!...

Gaston trouva un plaisir amer à lire les lettres de la Ferrani.

« Je m'échapperai demain matin de bonne heure,

disait-elle à Ranucio, et j'irai me reposer chez toi de toutes mes tristesses.

» Je t'aime comme une folle, il faut croire que tu m'as fait prendre quelque philtre...

» Mais prends bien garde, mon beau cavalier !

» Il n'y a de vrai bonheur que celui que personne ne connaît...

» Cachons-nous bien, car au moindre bruit ton *bel oiseau bleu* s'envolerait... »

— Le bel oiseau bleu ! dit Gaston avec un rire nerveux, il n'y a qu'une vieille femme pour se donner à elle-même de ces jolis petits noms-là...

Le jeune homme repoussa les lettres et se mit au lit.

— C'était bien la peine de se donner tant de mal, de s'infliger des tortures si étranges ! Qu'est-ce donc que l'amour pour que les femmes les plus dépravées le cherchent encore, alors qu'elles devraient le nier ! Fontainebleau, Courseulles, petit chapeau à plume verte, où êtes-vous ?

Tout amant trahi a vu passer cette fantasmagorie des beaux jours évanouis. C'est la grande revue qui, de minuit à cinq heures du matin, vient animer la solitude des cœurs blessés !

XLVII

Cette nuit-là, Gaston Duthil prit une grande résolution.

Le matin, il se leva à huit heures.

Il fouilla dans un vieux tas de paperasses jetées pêle-mêle au fond d'une armoire...

Il finit par en retirer un papier plié en quatre qu'il ouvrit avec précipitation.

C'était une ordonnance de médecin.

Gaston la lut avec attention.

— C'est bien cela, murmura-t-il ; en entrant chez deux ou trois pharmaciens, j'aurai la dose suffisante.

A onze heures, il entrait chez le premier pharmacien.

Le soir, il trouva chez son concierge une lettre de Marthe.

« Gaston, mon seul amour ! rien ne peut te donner une idée de l'impression que j'ai éprouvée ce matin en ne te trouvant pas à mes côtés. Une heure de sommeil, — et quel sommeil ! peuplé de fantômes et de rêves horribles — une heure avait suffi à m'enlever la mémoire...

» Est-ce possible ?

» Tu m'as quittée, toi !

» Je me suis assise sur mon lit — et, en pleurant, je me suis souvenue.

» Qu'as-tu donc trouvé dans ce tiroir ?

» Des lettres ?

» Mais des lettres qui ne disent rien, j'en suis sûre.

» Je t'expliquerai tout.

» Il me semble que si tu revenais, je te ferais vite oublier les chagrins que j'ai pu te causer involontairement...

» Tu me trouverais si humble et si soumise !

» Gaston, je t'en supplie !...

» M... »

Le matin, nouvelle lettre :

« Deux fois il m'a semblé entendre le bruit de ta clef dans la serrure de la petite porte...

» Deux fois j'ai couru. Rien !

» Tu dois bien comprendre que je ne puis aller chez toi.

» Ici, les baisers t'attendent.

» Mais moi? dans ton nid qui m'a vue si heureuse, quel accueil? *Je n'ose pas!*

» Viens me battre, si tu veux, mais viens !

» MARTHE. »

Le soir du second jour :

« C'est un parti pris, rien n'y fera. Tu m'auras laissée comme un chien.

» Insomnies affreuses, sanglots de toute la nuit, regrets cuisants... Si je t'ai jamais fait du mal, — tu es bien vengé !

» Il n'y a que ton silence que je ne m'explique pas.

» Tu aimes une autre femme, sans doute, et comme tu es un cœur loyal, tu ne veux même pas m'envoyer un mot d'adieu, sinon de souvenir.

» Tu es cruel, Gaston ! Tu m'as aimée un an, et si

nous ne devons plus nous revoir, si *telle est ta volonté*, fais-le moi savoir, je quitterai Paris, je partirai à l'instant même.

» Si tu pouvais me voir depuis que je suis sans nouvelles de toi, je te ferais pitié et tu ne *douterais* plus jamais de ton esclave.

» Marthe Ferrani. »

Le troisième jour, au matin.

« Écoute, Gaston, c'est impossible, il faut que je te voie...

» On ne rompt pas ainsi une liaison qui a traversé tout une année.

» Cette conduite est indigne de toi.

» Que peux-tu craindre en venant franchement me dire :

» Je ne t'aime pas, je m'en vais?

» Que je me jette à tes pieds?

» Tu me repousseras.

» Si je ne puis te convaincre que je n'ai même pas songé à te trahir, eh bien ! nous verrons, nous trouverons peut-être quelque chose...

» Quand on pense que voilà mon dernier espoir !

» Tiens ! j'ai le cœur brisé... Tu emportes mes derières illusions. Tu ne m'auras laissé que doute et ésenchantement.

» Mais il y a *certaines choses* que je veux te dire vant de quitter Paris...

» Je ne puis pas t'écrire cela, cependant !

» Oh ! que ne ferais-je pas pour pouvoir te baiser la ain !

» Je te souhaite tout le bonheur possible, ingrat ! ne autre aura beau faire, elle ne t'aimera jamais comme t'a aimé la pauvre Marthe...

» Que vas-tu faire ? Ce que font tous les jeunes gens, prendre la première venue, aujourd'hui celle-ci, demain celle-là...

» Eh bien ! veux-tu convenir d'une chose ?

» Si tu crois que j'aie pu être infidèle, si ton amour-propre est blessé de cette idée, si ton orgueil ne peut même pas supporter un doute, — nous dirons à tout le monde que nous avons rompu, que c'est fini... Dans la rue, tu ne me salueras même pas !...

» Mais tu me prendras comme tu prendrais un moment n'importe quel jouet de hasard...

» Le lundi, je m'habillerai en blanchisseuse...

» A la campagne, je me costumerai en servante d'auberge.

» Si tu veux, j'irai un soir à Mabille. Tu me diras :
— Voulez-vous une place dans ma voiture ?

» Et tu m'amèneras souper à vingt francs.

» Enfin, je ne sais que te dire, moi !

» Il faut que je te voie une fois encore, voilà tout ce que je sais...

» Si tu n'es pas *mort*, tu viendras !

» MARTHE. »

Gaston, qui était allé chez le troisième pharmacien, écrivit ces mots sur un bout de papier :

« Demain soir, à dix heures et demie, je serai dans ta loge, aux Italiens. »

Ce billet fut porté chez la Ferrani.

XLVIII

Robert Dutaillis traversait, de son côté, une phase douloureuse.

Au retour à Paris, Blanche renoua ses relations avec quelques femmes entretenues qu'elle avait cessé de voir au temps de ses belles résolutions. Robert alla moins souvent chez elle. Il avait remarqué un apaisement significatif dans les colères des créanciers.

« Manon était une créature d'un caractère extraordinaire. Jamais fille n'eut moins d'attachement qu'elle pour l'argent; mais elle ne pouvait être tranquille un moment avec la crainte d'en manquer. C'était du plaisir et des passe-temps qu'il lui fallait. Elle n'eût jamais voulu toucher un sou, si l'on pouvait se divertir sans qu'il en coûte... Mais c'était une chose si nécessaire pour elle d'être ainsi occupée par le plaisir, qu'il n'y avait pas le moindre fond à faire sans cela sur son humeur et sur ses inclinations. »

Un dimanche, Robert, en compagnie de Ferdinand Goffin, se rendit aux courses du bois de Boulogne.

D'un côté sont les tribunes, et de l'autre les voitures.

Il chercha Blanche dans la foule.

Blanche était assise dans une calèche avec une autre femme. Quelques jeunes gens les entouraient, riant et causant sur le ton de la mauvaise compagnie.

Robert s'approcha.

— Bonjour, dit-il à Blanche.

Celle-ci, toute saisie, lui tendit la main, et, tout le temps que Robert passa à côté de la voiture, elle regardait avec inquiétude de droite et de gauche comme *pour observer* quelqu'un.

Tout ce côté du champ de courses est absolument occupé par les lorettes. Elles sont là, parquées dans leurs voitures, les unes assises, les autres debout sur les coussins ou sur le siége.

Les hommes passent, les regardent et leur adressent la parole — le chapeau sur la tête.

Il y a je ne sais quoi de douloureux dans cette exposition volontaire de ces jeunes femmes.

On dirait un marché d'esclaves.

C'est le champ de foire de la prostitution élégante.

A mille francs la pleine voiture de chair vivante !

Il n'y avait pas là une seule femme honnête, pas même une actrice sérieuse, rien que des filles ou des drôlesses payant trente francs par mois à un théâtre pour y montrer leurs jambes le soir.

Robert, le cœur serré, prit la résolution de quitter Paris — mais seul — cette fois !

Le soir, cependant, à l'heure accoutumée, il attendit Blanche — qui ne vint pas.

— Il faut faire une croix là-dessus, se dit-il. Chère petite ! il me semblait qu'elle ne m'avait pas traité comme les autres. Je m'étais trompé... Cette époque de la vie n'est pas arrivée pour elle où le caprice peut devenir une passion, comme un ruisseau grossi qui se change en torrent. Adieu, les éclats de rire ! adieu, le bezigue et le damier ! adieu, la joie de la chambrette !

Robert alluma un cigare, prit un livre et se tourna de droite et de gauche dans son lit...

Chaque voiture, chaque pas dans la rue lui faisaient battre le cœur...

Il regardait si sa porte ne s'ouvrait pas... Mais tout restait immobile et muet.

Il s'endormit enfin — d'un sommeil fiévreux, tourmenté.

Il rêva... Blanche arrivait et lui mettait un baiser au front. — A partir de ce moment, son sommeil devint calme; et le matin, quand il se réveilla, il aperçut Blanche endormie à ses côtés.

— Tu es la maîtresse d'un autre! s'écria Robert en la secouant.

— Je ne serais pas venue, dit Blanche, *si c'était fait!* Il faut bien que je te quitte, mais je ne puis pas me décider... Embrasse-moi, je t'aime!

— Allons! fit Robert en la prenant dans ses bras, je t'aurai conduite jusqu'au cimetière!

Tous les jeunes gens, à Paris, ont connu cette situation d'être jaloux d'une femme qui ne peut leur appartenir entièrement. C'est bien la chose la plus douloureuse et la plus avilissante qu'il y ait au monde. La femme ne peut que mentir et l'homme ne peut que la croire — ou, du moins, en faire le semblant. L'amant s'accroche alors à des riens. Il ne peut pas croire que ce soit pour *l'autre* la même chose que pour lui-même...

— Pourquoi n'es-tu pas venue hier? demandait Robert à Blanche.

— J'étais malade.

— Il fallait m'écrire...

— Je n'avais personne pour porter la lettre.

Blanche mentait avec beaucoup d'aplomb, mais aussi avec une insigne maladresse. Elle se coupait, elle était bien vite au pied du mur. Sa dernière ressource était de donner sa *parole d'honneur*, mais elle l'avait donnée si souvent !

— Je te jure qu'on ne me verra jamais avec un autre, disait-elle à Robert.

— On t'a vue.

— Quand?

— Hier.

— Et qui donc ?

— Moi.

— Eh bien ! reprenait Blanche avec résignation, c'est que je n'ai pas pu faire autrement.

— Tu paraissais t'amuser beaucoup?

— Je cachais mes larmes !

Et c'était ainsi à tout bout de champ.

Parfois Robert entrait dans de violentes colères.

Blanche prenait alors des mines piteuses et des airs à mourir de rire.

Le souvenir des mauvais traitements qu'elle avait subis dans son enfance lui avait donné je ne sais quoi de bassement craintif. Elle était humble et lâche. Elle avait peur d'être battue et couvrait sa tête avec la main, en disant : « Oh ! là, là ! »

Il était impossible de résister à sa faiblesse.

Blanche arrivait rue de Navarin, tantôt à minuit, tantôt à deux heures, mais elle venait.

Dans les commencements, elle disait, en parlant de *l'autre : On* m'a retenue ; *on* m'a fait une scène... Puis, entrant ouvertement dans la situation, elle en arriva à dire : M. de Leyme. — C'était : « M. de Leyme veut m'emmener en Suisse, mais je n'irai pas, » ou bien : « M. de Leyme me fait surveiller, je ne sais plus comment faire pour sortir. »

La troisième période arriva bientôt, Blanche disait « *Monsieur le marquis.* »

Robert prit alors des informations, et il sut que le soi-disant marquis de Leyme n'était ni marquis, ni de Leyme.

Il y a, comme cela, un tas de gens qui ne sont titrés que chez les lorettes.

Telle sera la noblesse française dans cinquante ans.

Ce fut une humiliation pour Blanche Perdue de lire, dans un vieux numéro du *Moniteur*, l'histoire de son marquis.

Robert l'écrasait. Il n'appela plus *l'autre* que *l'usurpateur.*

A partir de ce moment, Blanche devint insupportable.

Il y eut tous les jours des scènes nouvelles, qui se

terminaient par une réconciliation, mais qui fatiguaient ces deux êtres si peu faits l'un pour l'autre.

Un soir, Blanche envoya un billet : « Je t'attends pour faire un bezigue. Viens vite. »

Il était minuit et demi.

Robert trouva Blanche installée devant cette célèbre théière qui avait abreuvé tant de personnes...

— Te voilà! dit-elle en battant des mains, que tu es gentil!

Mais Robert avait aperçu dans le boudoir une baignoire pleine.

Le bain était le grand moyen de séduction employé par la petite personne.

— Tu vas prendre ton bain? demanda Robert.

— Non, répondit Blanche, je l'ai pris.

Il y avait sur la table deux tasses propres.

Robert entra dans la salle à manger et n'eût pas de peine à y découvrir deux tasses sales...

— Je te donne ma *parole d'honneur* que j'étais seule! s'écria Blanche.

— Oui, ma fille! dit Robert en se précipitant dans l'escalier.

XLIX

Ce même soir, Gaston Duthil arrivait, à l'heure indiquée, dans la loge de la Ferrani.

Gaston avait traversé deux jours d'une véritable folie.

Il brandissait un poignard et frappait dans le vide une Marthe imaginaire...

Il était partagé entre sa haine pour la Ferrani et son amour pour Madeleine.

La Ferrani était l'obstacle ; il avait résolu de le supprimer.

L'épuisement et l'excès avaient amené chez lui l'aliénation mentale.

Il entra pâle, mais calme, dans la loge.

Martha était en scène.

C'était le dernier acte de *Poliuto*...

A côté de la toilette où se confondaient les pots de cold-cream, les boîtes de rouge et de blanc et les pattes de lièvre qui sont les pinceaux de cette peinture d'une soirée, à côté de la toilette, sur une petite table, se trouvaient une carafe, un verre et un sucrier.

L'habilleuse mit du sucre dans le verre, le remplit d'eau et sortit, tenant à la main une pelisse qu'elle avait coutume de jeter, dans la coulisse, sur les épaules de la Ferrani.

Resté seul, Gaston s'approcha de la table et versa dans le verre le contenu d'une petite fiole qu'il avait retirée de sa poche.

Quand il se retourna, il aperçut, — droite et pâle devant lui, — Madeleine qui le regardait avec terreur.

Les applaudissements du public annonçaient que la pièce venait de finir.

Marthe entra précipitamment dans la loge, et, haletante, essoufflée, elle saisit le verre d'eau sucrée...

Madeleine poussa un cri, étendit la main, mais l'émotion lui coupant la parole, elle tomba évanouie.

— Ma fille! dit Marthe, qu'as-tu donc? Elle se trouve mal!

Et, avant que Gaston, épouvanté, eût pu faire un

pas ou proférer une parole, elle approcha le verre des lèvres de sa fille.

Madeleine le vida d'un trait, — et, rouvrant les yeux, elle jeta sur Gaston Duthil un dernier regard qui semblait dire :

— Je souffrais comme vous et je vous pardonne !

L'effet fut presque immédiat.

Un médecin que l'habilleuse était allée chercher ne prononça que ces mots :

— Elle est morte.

La Ferrani se jeta, en sanglotant, sur le corps de Madeleine. Elle le couvrait de baisers, elle le prenait et le retournait dans tous les sens.

Gaston se pencha alors à l'oreille de la Ferrani, et lui dit d'une voix vibrante :

— C'est vous qui avez tué votre fille. Ce verre d'eau était empoisonné et ce poison vous était destiné. Dieu nous a frappés tous les deux du même coup !...

L

Que se passa-t-il entre Marthe Ferrani et lord Bradley ? Nul ne le sut. Il y a de ces mystères parisiens qui doivent rester dans l'ombre à jamais.

Le lendemain, à deux heures du matin, une scène étrange avait lieu dans le salon particulier d'un café-restaurant du boulevard des Italiens.

Le comte de Rouzoff offrait à quelques-uns de ses compagnons de débauche un banquet de convalescence.

Le prince Lamphoriski, le marquis Labeco, le chevalier Kulmahn et deux ou trois autres s'empressaient autour de quelques créatures décolletées parmi lesquelles se trouvait Blanche Perdue.

Blanche allait de l'un à l'autre, causant, riant, affectant l'impertinence et le cynisme.

Jamais, au temps de la domination des fées, un nuage entr'ouvert ou un char en feuilles de roses n'a pu offrir au regard de l'homme une si complète image de la céleste beauté !...

— C'est un éblouissement que cette fille-là ! s'écriait le prince.

— J'ai aimé des pauvres, dit Blanche, et je n'en veux plus. Trêve aux compliments ! qui est-ce qui fait ma fortune ?

— Aux enchères, messieurs ! s'écria le marquis, partons de cent mille francs !

— Cent cinquante, dit de Rouzoff.

— Deux cent mille ! grommela le prince.

A ce moment, la porte s'ouvrit et lord Bradley parut.

— Me sera-t-il permis, mon cher comte, demanda-t-il à de Rouzoff, de prendre part à la lutte ?

M. de Rouzoff, quoique vivement contrarié, reçut Bradley avec la politesse la plus exquise.

— Comment donc, milord ! s'écria-t-il, nous serons toujours flattés d'être vaincus par vous.

— On a dit deux cent mille francs ? demanda Bradley, tandis que Blanche fixait sur lui des yeux étonnés. C'est peu ! Je ne me permettrais pas d'offrir moins de cinquante mille francs de rentes à une si admirable personne.

Tout le monde se taisait.

On n'entendait que ce bruit sec et monotone du gaz emprisonné dans les globes à fleurs mates.

— J'ai dit onze cent mille ! ajouta de Rouzoff d'une voix étranglée.

— Il est inutile d'aller plus loin, dit Bradley en jetant sur la table un pli cacheté de noir ; ceci est mon testament, j'ai trois millions de rentes et je laisse ma fortune à cette enfant.

Puis, s'adressant à Blanche stupéfaite.

— Je ne vous demanderai rien en échange, lui dit-il, qu'une heure de conversation. J'ai beaucoup de choses à vous dire. Quand vous m'aurez entendu, vous serez libre de rester à Paris ou de venir avec moi en Angleterre. Veuillez prendre mon bras, mademoiselle, c'est celui d'un homme qui vous aime comme nul autre ne vous a aimée. Il vous aime pour vous et non pour lui.

La petite Blanche appuya son bras sur le bras de lord Bradley et tous deux sortirent.

Deux mois après les événements que nous venons de rapporter, quelques intimes de Sarah Volcan faisaient cercle devant le foyer de la célèbre courtisane.

On avait causé de la Ferrani.

— A l'heure qu'il est, dit Goffin, Gaston est installé à New-York. Bradley l'a fait partir malgré lui. Il l'a emballé dans sa voiture de voyage, puis il a fait hisser la voiture sur les quatre roues d'un wagon. A Calais, Gaston a passé pour un domestique, faute de passeport, et une fois à Folkstone, il a pris le packet pour les États. Bradley l'a bourré de lettres de recommandation. Malgré cela, c'est un homme à la mer — sans calembour. Voilà où nous mènent les femmes.

J'ai aimé une fois dans ma vie, et je vais de temps

en temps revoir la fenêtre de la belle comme un voyageur qui a échappé à un accident de chemin de fer et qui retourne visiter l'endroit où il a failli être tué !

— C'est bien notre faute ! murmura le prince Lamphoriski, nous demandons toujours des sentiments qu'on ne peut nous donner.

— Ces femmes-là ! s'écria Goffin ; heureusement qu'il y en a d'autres ! Robert s'en est mieux tiré que Gaston ; mais tous ces *sauveurs* de courtisanes, ces rétameurs de virginité ont des prétentions si singulières ! Robert me disait un jour, en parlant de sa petite Blanche : « Elle ne peut pas avoir pour un autre les mêmes sourires, les mêmes caresses que pour moi ! »

Pourquoi donc cela ? lui ai-je dit. Prends le baiser qu'elle te donne et celui qu'elle donne au *monsieur*, porte les tous deux chez un bijoutier ; je veux bien que le diable m'emporte s'il peut distinguer le faux d'avec le vrai !

— Blanche est en Écosse ? demanda le marquis.

— Tout au fond ! Elle est enfermée dans un vieux château à la Walter-Scott. Bradley à un neveu, sir Robert Ellies. Le neveu héritera de la fortune et de la pairie à la condition d'épouser Blanche [1].

---

[1] Lady Ellies est revenue à Paris en 1861. Nous écrirons un jour son histoire.

— N'est-ce pas une des pages les plus horribles de la galanterie parisienne, reprit le prince, que l'histoire de ce père achetant sa fille aux enchères dans un cabinet particulier?

— Oui, fit Goffin. Anne Berthaut avait gardé la fille de la Ferrani pour la faire chanter ! Elle est coffrée pour cinq ans.

— Martha, dit Berthe, paraissait adorer Madeleine... Elle savait bien que ce n'était pas sa fille...

— Le cœur de la femme est un abîme, murmura Sarah avec un sourire diabolique.

— Pauvre Ferrani ! dit le prince, elle se traîne dans les petites villes en compagnie de Vincenti Ranucio qui la roue de coups... Elle est bien finie.

— Oh ! celle-là ne finira jamais, reprit vivement Goffin.

— Croyez-vous, demanda Berthe en souriant, que la petite Perdue puisse jamais être une femme honnête?

— Voilà la question, répondit Ferdinand ; jusqu'à présent ce qu'on peut appeler l'honneur est resté pour elle quelque chose de vague et de douteux comme le mouchoir de Robinson...

Les tisons s'étaient couverts d'une cendre blanchâtre...

La mèche charbonnée des lampes ne donnait plus qu'une faible lumière...

— Deux heures et demie! dit Sarah.

Le prince se leva et s'écria en prenant son chapeau :

— A quoi servent les femmes !

— A quoi elles servent? dit Goffin en guise de conclusion, je vais vous le dire; et il ajouta les dents serrées : elles nous apprennent à nous faire les ongles!

FIN

TABLE

	Pages.
A Théodore Barrière	1
Le souper du prince Korasoff	5
Le premier anneau de la chaine	37
Les corrupteurs de Paris	53
Une soirée chez Sarah Volcan	97
La vie a crédit	113
Le duel a la boussole	169
Une fille aux yeux d'or	205

FIN DE LA TABLE.

Paris.—Typographie A. Wittersheim, rue Montmorency, 8.

COLLECTION HETZEL

18, RUE JACOB, PARIS.

BIBLIOTHÈQUE ILLUSTRÉE DES FAMILLES

Les différentes séries dont notre catalogue s'est composé jusqu'à ce jour vont s'enrichir de plusieurs livres auxquels la faveur du public nous semble acquise par avance.

La *Bibliothèque illustrée des Familles* comprend déjà un choix magnifique d'ouvrages de prix :

LES CONTES DE PERRAULT, illustrés par GUSTAVE DORÉ ;

LES ENFANTS (LE LIVRE DES MÈRES), par VICTOR HUGO, illustrés par FROMENT ;

LA COMÉDIE ENFANTINE, par LOUIS RATISBONNE, illustrée par GOBERT et FROMENT, livre déjà classique ;

PICCIOLA, par XAVIER SAINTINE, illustrée par FLAMENG ;

LES RÉCITS ENFANTINS, par EUGÈNE MULLER ;

LES BÉBÉS, par le comte de GRAMONT, illustrés par OSCAR PLETSCH ;

LE NOUVEAU MAGASIN DES ENFANTS, texte par CH. NODIER, GEORGE SAND, BALZAC, LÉON GOZLAN, ALPH. KARR, P. J. STAHL, OCTAVE FEUILLET, ÉMILE DE LA BÉDOLLIÈRE, ALFRED et PAUL DE MUSSET, JULES JANIN, ALEX. DUMAS ; 400 vignettes par TONY JOHANNOT, BERTALL, LORENTZ, LAVILLE, MEISSONNIER ;

LE VICAIRE DE WAKEFIELD, traduit par CH. NODIER,

illustré de 10 belles gravures sur acier par Tony Johannot ;

Le Renard, de Gœthe, traduit par E. Grenier, illustré de 60 belles gravures par Kaulbach ;

Les Romans champêtres, par George Sand, etc., etc.

A la fin de l'année, cette *Bibliothèque illustrée des Familles* s'augmentera d'œuvres hors ligne destinées à devenir des livres de fonds, après avoir mérité d'être remarqués comme livres d'étrennes.

Les **Contes des Mille et une Nuits**, choisis et revus avec soin, et illustrés par Gustave Doré, feront un digne pendant aux **Contes de Perrault**, et les dépasseront par la splendide variété de l'illustration.

L'auteur d'un livre qui est devenu classique en trois mois, l'**Histoire d'une bouchée de pain**, nous a confié deux ouvrages : les **Contes** et le **Théâtre du Petit-Château**, sur lesquels nous pouvons à l'avance attirer l'attention. Ces livres seront pour la jeunesse et l'enfance ce qu'ont été les Œuvres de Perrault, de Fénelon, de la Fontaine, de madame d'Aulnoy, de Berquin et de Florian dans le passé.

Une nouvelle série de la **Comédie enfantine** complétera par un second volume, l'égal du premier tout au moins, une œuvre qui a fait sensation, qui a été une trouvaille pour les mères de famille, et qui a mérité d'être couronnée par l'Académie.

Un de nos conteurs les plus pénétrants, M. Alfred de Bréhat, nous a donné un livre qui sera bientôt le pendant du **Robinson suisse**, les **Aventures d'un petit Parisien**, moral et émouvant récit enfantin qui fera le tour du monde.

COLLECTION NON ILLUSTRÉE

In-18 à **3** fr. et **3** fr. **50**, in-32 à **1** fr.

ROMANS — HISTOIRES — VOYAGES — POÉSIES

A côté de ces volumes de grand luxe, nous possédons, sous des formats plus modestes, des livres qui sont d'une haute utilité en même temps que d'un charme réel. Ainsi notre collection intitulée LA MORALE UNIVERSELLE, qui résume en sept volumes, sans pédantisme, le caractère de tous les peuples, L'ESPRIT DES ANGLAIS, — DES ITALIENS, — DES ESPAGNOLS, — DES ORIENTAUX, — DES LATINS, — DES GRECS, — DES ALLEMANDS, — DES FRANÇAIS MODERNES, encyclopédie qui n'a nulle part de rivale ; LA VIE DES ANIMAUX, en six volumes, du docteur JONATHAN FRANCKLIN, cours complet d'histoire naturelle à l'usage de la jeunesse, œuvre excellente traduite de l'anglais par M. Esquiros.

Philosophie, études morales, histoire, mémoires, anecdotes, biographie, voyages, romans, poésies, anthologies féminines, monographies amusantes, tous les genres, et dans chaque genre une multitude de travaux réussis, voilà ce que nos catalogues peuvent offrir ; l'œil le moins exercé n'en méconnaîtra pas l'attrait et l'importance.

Dans nos publications récentes, et pour celles que nous annonçons comme prochaines, on remarquera quelques noms d'auteurs encore inconnus ou peu connus. Est-ce une témérité d'offrir ainsi au public des livres dont les signataires ne peuvent s'autoriser d'une notoriété antérieure ? Non.

*

Sans doute, s'il s'agissait de prendre au hasard et les yeux fermés dans l'amas de manuscrits qui encombrent chaque jour le bureau d'un éditeur la matière de volumes quelconques, ce serait folie d'imprimer de la sorte des pages sans mérite. Mais notre manière de procéder n'est pas aveugle. Si nous publions l'œuvre d'un écrivain nouveau, c'est seulement après en avoir examiné mûrement par nous-même et par des lecteurs compétents la valeur intrinsèque, c'est après nous être rendu un compte sérieux de son originalité, de sa force ou de son éclat. On nous pardonnera de dire avec confiance que la plupart de nos choix précédents ont été consacrés par le succès. Nous avons pu faire heureusement les affaires de jeunes auteurs et celles du public.

La génération de 1830 doit avoir et elle a ses successeurs. Aux écrivains morts ou fatigués succèdent des talents frais et nouveaux, expression de la société moderne. L'esprit d'invention et le style ne sont pas toujours jeunes chez un même homme : il y a souvent des intelligences épuisées dont le déclin n'est un mystère pour personne. Aucun acheteur ne se trompe plus sur ce qu'elles produisent.

Il faut donc ouvrir la carrière aux écrivains d'avenir, à celui dont on ne dit pas, en le lisant : « Comme il *écrivait* bien ; » mais : « Comme il *écrit* bien ! » Le public indifférent aurait grand tort d'être en défiance contre nos jeunes écrivains. Que l'on parcoure la liste des jeunes talents dont quelques-uns de nos confrères ont avec nous aidé les débuts, et l'on sera convaincu que le génie littéraire de la France est inépuisable. Est-ce que les noms encore nouveaux de MM. J. Macé, Erckmann-Chatrian, Eugène Muller, Aurélien Scholl, Deltuf, Edmond About, Flobert, A. de Bréhat, Paul Perret, Duranty, Claude Vignon, Adrien Robert, Biart, Adrien Robert (sir Névil), Adrien Paul, Mme Lambert, etc., etc., n'étaient pas, à des titres divers, dignes d'être produits? Est-ce qu'ils sont restés écrasés par la gloire de tous les écrivains de l'autre génération qui s'étaient fait une place au soleil? Nous reprochera-t-on de leur avoir servi d'éditeur et d'auxiliaire? La concurrence se les dispute maintenant; nous avions donc eu raison d'incliner vers eux.

D'ailleurs, nos collections ne sont pas entièrement l'œuvre d'hommes nouveaux. Nous pouvons même nous flatter d'avoir réuni bien des œuvres excellentes qui sont en possession ancienne d'une célébrité durable et continue. Victor Hugo, Alfred de Musset, Nodier, Balzac, George Sand, J. Janin, Th. Gautier, Ulbach, Villemot, Ratisbonne, Léon Gozlan, Octave Feuillet, Edmond Texier, Henry Monnier, ne sont pas précisément des débutants; MM. de Lamartine, Proudhon, Thiers, Théophile Lavallée n'en sont pas à commencer leur fortune littéraire sans doute; ce n'est pas d'aujourd'hui que M. Nefftzer a le renom de traduire les œuvres de l'Allemagne avec une finesse et une fidélité précieuses, — que M. Forgues, par ses admirables imitations de l'anglais, communique à la France les productions si justement appréciées de nos voisins d'outre-Manche ou celles des romanciers et des poëtes américains et russes. Nous suivons de près les publications de la littérature étrangère, et nous n'omettons jamais de vérifier si un livre, vanté au dehors, aura chance d'être accepté avec plaisir en France. Nous nous empressons ensuite, s'il y a lieu, d'en entreprendre la traduction, mais en nous faisant une règle de ne publier ainsi que les œuvres tout à fait sérieuses, celles qui ont leur place nécessaire dans l'ensemble de la littérature contemporaine.

Associer, pour le plaisir et l'instruction, ce qui est déjà classique et ce qui va l'être, tel est notre but; nous ne sommes pas de ceux qui croient jamais avoir assez fait pour le public, et nous ne nous lassons pas de deviner comme de servir les intérêts, les besoins, même les caprices charmants de l'imagination et du goût.

Quant à la fabrication matérielle de nos livres, à leur forme extérieure, nous y donnons tous les soins réclamés aujourd'hui par les exigences parfaitement légitimes du public.

LES ÉDITEURS.

Paris. — Imprimerie A. Wittersheim, rue Montmorency, 8.

COLLECTION HETZEL

— J. HETZEL — LIBRAIRIE CLAYE — 18, RUE JACOB —

En vente :

AUDEVAL. — LES DEMI-DOTS.	1 vol.
BIART. — LA TERRE CHAUDE. — SCÈNES DE LA VIE MEXICAINE.	1 vol.
CHAMPFLEURY. — LE VIOLON DE FAÏENCE.	1 vol.
FORGUES. — ELSIE VENNER.	1 vol.
EUGÈNE LATAYE. — LA CONQUÊTE D'UNE AME.	1 vol.
LAURENT PICHAT. — LES POÈTES DE COMBAT.	1 vol.
ADRIEN ROBERT. — LA PRINCESSE SOPHIE.	1 vol.
AURÉLIEN SCHOLL. — AVENTURES ROMANESQUES.	1 vol.
P.-J. STAHL. — BONNES FORTUNES PARISIENNES.	1 vol.
— HISTOIRE D'UN HOMME ENRHUMÉ.	1 vol.
— VOYAGE D'UN ÉTUDIANT.	1 vol.
TROIS BUVEURS D'EAU. — HISTOIRE DE MURGER.	1 vol.
TOURGUÉNEF. — DIMITRI ROUDINE.	1 vol.
RENÉ DELMAS DE PONT-JEST. — BOLINO-LE-NÉGRIER.	1 vol.
ECKERMANN. — J. N. CHARLES. — PENSÉES ET ENTRETIENS DE GOETHE.	1 vol.
EDMOND TEXIER. — LES CHOSES DU TEMPS PRÉSENT.	1 vol.
MÉMOIRES DE CANLER, ANCIEN CHEF DU SERVICE DE SURETÉ.	1 vol.
JULIETTE LAMBER. — RÉCITS DE CAMPAGNE.	1 vol.
EDGAR POE. — CONTES INÉDITS.	1 vol.
NORTH PEAT. — LADY ISABEL.	2 vol.
HENRI MARET. — LE TOUR DU MONDE PARISIEN.	1 vol.
FORGUES. — GENS DE BOHÈME ET TÊTES FÊLÉES.	1 vol.
DURANTY. — LA CAUSE DU BEAU GUILLAUME.	1 vol.
POUJARD'HIEU. — LES CHEMINS DE FER ET LE CRÉDIT EN FRANCE.	1 vol.
AURÉLIEN SCHOLL. — LES AMOURS DE THÉÂTRE.	1 vol.

En préparation :

ALFRED ASSOLLANT. — UN ROMAN NOUVEAU.	1 vol.
Mis DE BELLOY. — THÉÂTRE INÉDIT DE L'ARIOSTE.	1 vol.
ERCKMANN-CHATRIAN. — CONTES NOUVEAUX.	1 vol.
LAMARTINE. — ANTONIELLA.	1 vol.
NEFFTZER ET DOLFUS. — NOUVELLES ALLEMANDES.	1 vol.
PAULIN PARIS. — GARIN LE LOHERAIN.	1 vol.
P.-J. STAHL. — PETIT DICTIONNAIRE DES VICES ET DES VERTUS DES FEMMES.	1 vol.
— BÊTES ET GENS.	1 vol.
— CRITIQUES LITTÉRAIRES.	1 vol.
ALEXANDRE WEIL. — L'AMOUR ALLEMAND.	1 vol.
CLAUDE VIGNON. — UN DRAME EN PROVINCE.	1 vol.
VICTOR HUGO. — TOUTES LES POÉSIES. Édition de bibliophile sur vélin vergé. In-18. Le volume.	5 fr.
WILKIE COLLINS ET FORGUES. — SANS NOM.	2 vol.

PARIS. — TYP. J. CLAYE, RUE SAINT-BENOIT, 7

www.ingramcontent.com/pod-product-compliance
Lightning Source LLC
Chambersburg PA
CBHW070638170426
43200CB00010B/2065